아이와 함께 런던
LONDON

김현지 지음

꿈의지도

Prologue

2016년 아이와 함께 떠난 런던 여행이 한 권의 책으로 출간돼 세상에 나오게 되었습니다. 출간 할 당시엔 일반적인 런던의 명소가 아닌 오직 엄마와 아이의 눈높이에 맞춘 장소들이 독자들에게 얼마나 어필을 할 수 있을지 알 수 없었습니다. 하지만 여행을 떠나는 목적이 다양해지고, 여행지에서 살아보는 여행이 유행하면서 <아이와 함께 런던>은 가족 단위의 여행자들에게 꾸준한 관심을 받게 되었습니다. 초판이 출간된 이후 여러 독자님들의 진심 어린 피드백을 토대로 개정 1판에는 담지 못했던 지도와 인덱스, 아이와 여행할 때 꼭 알아 둬야할 유용한 정보 등도 추가했습니다.

코로나 팬데믹으로 약 3년간 해외 여행은 멈춰버린 듯 했습니다. 하지만 2022년부터 국내 여행을 시작으로 해외여행, 가족 단위의 여행자들이 증가하면서 다시 런던을 찾는 가족들이 늘어나고 있습니다. 이번에 발행하는 <아이와 함께 런던> 개정 2판에는 그간 바뀐 정보들을 대폭 수정 했습니다. 또한 초판이 '무료로 즐기는 런던 여행'에 집중했다면 개정판에는 관광지에서 너무 떨어진 장소들은 빼는 대신 유료라도 아이들이 신나게 즐길 수 있는 장소들을 더했습니다.

아이와 함께한 런던 여행은 제 삶에 많은 긍정적인 변화들을 가지고 왔습니다. 무엇보다 여행에 대한 새로운 마인드가 형성되었습니다. 긴 호흡을 가지고 떠난 여행 덕분에 여행지에서 좋아하는 장소를 만나게 되면 오늘이 마지막이라는 생각으로 그 장소를 충분히 누리게 되었고, 마냥 어리게만 느껴졌던 아이가 여행지에서 의젓하게 행동하는 모습을 통해 아이의 새로운 면을 발견할 수 있었습니다. 한때는 겁이 많아 비행기 티켓도 혼자서 못 끊는 사람이었다면 이제는 '여행 작가'라는 타이틀을 갖게 되었고, 혼자서 여행을 즐기고 타인의 여행에 도움을 주는 사람이 된 것은 실로 놀라운 변화가 아닐 수 없습니다.

무엇보다 아이와 단둘이 떠난 런던 여행 이후로 새로운 것에 도전하는 힘이 커졌습니다. 관심이 있는 것을 발견했을 때 마음만 잔뜩 키워놓고 현실을 탓하며 시도조차 하지 않았던 과거와는 달리, 일단 한 번은 도전해 보려는 마음을 가지게 되었습니다. 생각을 행동으로 옮기면 긍정적이던 부정적이던 결과를 얻게 되고, 그를 통해서 삶의 교훈을 얻고 성장하게 되는 선순환이 일어난다는 것을 깨달았기 때문입니다. 이것이 아이와 함께 한 런던 여행에서 제가 얻은 가장 큰 수확이라 생각합니다.

작가마다 책을 쓰는 이유는 다르지만, 저는 개인적으로 제가 가진 지식이 누군가에게 도움이 되기를 바라며 집필하였습니다. 가끔씩 제 블로그에 책 덕분에 멋진 여행을 할 수 있었다는 인사를 받으면 그렇게 감사하고 기쁠 수가 없습니다. 서점에 진열된 수많은 책들 중에서 제 책이 선택되었다는 사실에 감사하고, 저와 같은 여행을 추구하고 좋아하는 사람이 있다는 사실에 묘한 동지애와 기쁨을 느끼기 때문입니다. 모쪼록 <아이와 함께 런던> 개정판이 런던 여행을 떠나는 모든 독자분들에게 훌륭한 가이드가 됨과 동시에 여행을 통해 삶의 변화를 만들어줄 수 있는 작은 불꽃의 역할을 했으면 좋겠습니다.

아일랜드에서 김현지

CONTENTS

프롤로그

PART 1 런던에 도착하기 전

01 여행을 떠나기 전 생각해볼 것들 ·· 13
02 비행기 티켓 알뜰하게 구입하기 ·· 15
03 어디에서 지낼 것인가? ··· 17
04 대략적인 한 달 렌트비 ··· 22
05 여행 예산 세우기 ·· 23
06 한 달 여행 경비, 모두 환전해야 할까? ·· 25
07 여행에 필요한 준비물 ·· 27
08 여행 전에 보면 좋은 영화들 ··· 30

PART 2 런던에 도착하면

01 히드로 공항 입국심사 잘 통과하기 ·· 33
02 히드로 공항에서 런던 시내 들어가기 ··· 34
03 오이스터 카드 하나면 전철, 버스 고민 끝! ·································· 36
04 트래블 카드 구입하고 2 for 1 혜택받기 ······································ 38
05 핸드폰 유심칩 구입하기 ··· 40
06 여행 시 응급상황 대처 요령 ··· 41
07 동네 도서관, 슈퍼마켓 알아두기 ·· 42
08 슈퍼마켓에서 살 만한 식품 ··· 44
09 여행에 유용한 앱 ·· 46
10 런던 소매치기 예방하기 ··· 48
11 영어 울렁증 극복하기 ·· 49

PART 3 단기 & 장기여행자를 위한 코스 추천

01 2주 여행자를 위한 일정 · 55
02 한 달 여행자를 위한 일정 · 56
03 반나절 워킹투어 · 58
04 비 오는 날, 하루 추천코스 · 62
05 금요일 & 토요일 마켓 탐방 · 66
06 일요일의 문화 예술 탐방 · 70

PART 4 아이와 함께 가는 미술관

01 테이트 모던 제대로 즐기기 · 74
02 세계적인 작품을 한 곳에서, 내셔널 갤러리 · 82
03 골판지 하나로 미술 교육 끝! 사우스 런던 갤러리의 일요 워크숍 · · · · · · · · 88
04 예술을 사랑하는 방법을 배우는 곳, 왕립 미술아카데미의 어린이 워크숍 · · · · · · 92
05 콜라주 지도 들고 미술관 탐방하기, 테이트 브리튼 · · · · · · · · · · · · · · · · · · · 98
06 만들기를 통해 나의 새로운 모습을 발견해요, 국립 초상화 갤러리 · · · · · · · · · · 104
07 누구에게나 열려 있는 현대미술, 사치 갤러리 · 108
08 서펜타인 갤러리의 일요 야외수업 · 110
09 작지만 알찬 곳, 서머셋 하우스 옆 코톨드 갤러리 · 114

CONTENTS

PART 5 아이와 함께 가는 박물관

01 아이와 함께 동심의 세계로 떠나요, 어린이 박물관 ·················· 122
02 영국 교육을 체험할 수 있는 곳, 과학 박물관 ·················· 128
03 백팩 메고 전시실로 출발! 빅토리아 & 알버트 뮤지엄 ·················· 134
04 자연의 거대한 역사를 만나는 시간, 자연사 박물관 ·················· 140
05 자동차 좋아하는 아이들 모두 모여라! 교통 박물관 ·················· 144
06 박물관 안에 키즈 카페가 있다? 런던 도크랜드 박물관 ·················· 148
07 역사 교육과 놀이를 한꺼번에, 영국 박물관 ·················· 152
08 지하 터널을 여행하는 즐거움, 우편 박물관 ·················· 156
09 영화 〈노팅 힐〉의 촬영지, 햄스테드 히스 & 켄우드 하우스 ·················· 162
10 영국 귀족의 화려한 소장품이 한 자리에, 월레스 콜렉션 ·················· 166
11 영국 중산층의 삶을 엿볼 수 있는 곳, 제프리 박물관 ·················· 170

PART 6 아이와 함께 가는 공원 및 놀이터

01 자전거 타고 맘껏 누벼보는, 배터시 파크 ·················· 176
02 런던 도심의 허파, 하이드 파크 ·················· 180
03 최고의 무료 놀이터가 있는, 켄싱턴 가든스 ·················· 184
04 가장 오래된 왕립공원, 세인트 제임스 파크 ·················· 189
05 템즈강을 바라보며 여유를 즐길 수 있는, 비숍스 파크 ·················· 192
06 최고의 뷰를 자랑하는, 주빌리 가든 놀이터 ·················· 196
07 장미처럼 낭만적인, 리젠트 파크 ·················· 198
08 자연 속에서 자유로워라, 퀸 엘리자베스 올림픽공원 놀이터 ·················· 200
09 신나고 알찬 반나절의 행복, 빅토리아 공원 놀이터 ·················· 204
10 폐자재를 이용한 착한 놀이터, 킬번 그랜드 어드벤처 놀이터 ·················· 206
11 농장도 보고, 레크레이션도 즐기고, 코람스 필드 놀이터 ·················· 209

PART 7 아이와 함께 가는 문화센터, 서점 및 기타 장소

01 런던의 복합문화 예술공간, 사우스뱅크 센터 ········· 214
02 우중충한 건물이 복합 센터가 되기까지, 바비칸 센터 ········· 220
03 진짜 런던의 모습을 느낄 수 잇는 곳, 캠든 아트 센터 ········· 224
04 영국 건축가들의 자부심, 영국 왕립 건축가협회 ········· 228
05 아찔한 유리바닥을 건너는 짜릿함, 타워 브리지 ········· 232
06 런던 도심에서 즐기는 물놀이 ········· 237
07 런던의 개성만점 서점들 ········· 240
08 무료로 즐기는 런던 뷰 ········· 246

일러두기

이 책의 정보는 2023년 6월 기준으로 작성된 것입니다. 입장료나 운영시간 등 자세한 정보는 현지 사정에 따라 변경될 수 있으니, 방문 전에 홈페이지를 통해 미리 꼭 확인하시기 바랍니다.

PART 1

런던에 도착하기 전

01 여행을 떠나기 전 생각해볼 것들
02 비행기 티켓 알뜰하게 구입하기
03 어디에서 지낼 것인가?
04 대략적인 한 달 렌트비
05 여행 예산 세우기
06 한 달 여행 경비, 모두 환전해야 할까?
07 여행에 필요한 준비물
08 여행 전에 보면 좋은 영화들

01
여행을 떠나기 전 생각해볼 것들

한 달간의 여행지로 런던을 정한 후 내가 고민했던 것은 '런던에서 아이와 무엇을 하고 싶은가?'였다. 런던 여행에 관한 책은 너무나도 많다. 굳이 책을 보지 않더라도 인터넷을 조금만 뒤지면 여행에 관한 정보가 쏟아져 나온다. 이제는 정보가 없어서 어디를 가야 할지 모르는 것이 아니라 정보가 너무 많아서 어디를 가야 할지 모르는 시대가 되어버렸다. 좋아 보이는 것을 수집하다 보면 하고 싶은 것, 가고 싶은 곳이 자꾸만 생긴다. 이것도 넣고, 저것도 넣다 보면 돈은 돈대로 들고, 처음 취지와 맞지 않는 여행으로 흘러가기 십상이다. 따라서 장기여행을 계획할 때는 엄마와 아이가 정말 원하는 것이 무엇인지 곰곰이 생각하는 것이 중요하다.

★ 아이의 눈높이에 맞는 여행을 계획한다

이번 여행은 아이와 함께 하는 여행이다. 더 구체적으로 말하자면 아이를 위한 여행이다. 이왕이면 아이와 엄마가 함께 즐거워할 수 있고 참여할 수 있는 프로그램을 찾아야 한다. 유명한 관광지라도 아이가 흥미를 느끼지 못하는 곳은 시간을 줄이거나 과감히 생략한다. 엄마의 눈높이에서 아이에게 보여주고 싶은 것을 강요하는 것도 바람직하지는 않다. 엄마의 욕심을 조금만 내려놓으면, 아이도 엄마도 함께 행복한 여행을 즐길 수 있을 것이다.

★ 엄마와 아이가 좋아하는 교집합을 찾는다

엄마가 좋아하는 것, 아이가 좋아하는 것을 하나씩 적어서 공통의 관심사를 찾아본다.

〈저자의 예〉

❶ **엄마가 좋아하는 것들** 미술작품 감상, 미술관 체험 활동, 그림 그리기, 카페에서 커피 마시기, 서점에서 책 읽기, 서점에서 차 마시며 책 읽기, 디자인 매장 구경하기, 벼룩시장 구경하기, 전통마켓 구경하기, 공원에서 책 읽거나 산책하기, 아이가 신나게 노는 모습 지켜보기(사실 이게 가장 좋다).

❷ **아이가 좋아하는 것들** 그림 그리기, 만들기, 찰흙놀이, 놀이터에서 놀기, 모래놀이 및 물놀이, 아이스크림 가게, 만화영화, 공룡이나 자동차 가지고 놀기, 레고놀이, 서점에서 책 읽기

❸ **우리의 공통 관심사** 보통의 경우, 미술관에서의 체험학습이나 서점과 도서관 등에서 책 읽기는 엄마와 아이 둘 다 만족도가 높다. 야외카페에서 엄마는 커피를 마시고 아이는 아이스크림 먹는다거나, 공원에서 아이가 신나게 노는 동안 엄마는 책을 읽거나 음악을 듣는 것도 엄마와 아이 서로의 정신건강에 이로운 교집합이 될 수 있다.

★ 여행이기 이전에 일상을 살아간다는 것을 기억하자

이번 여행은 여행이기도 하지만 또 일상이기도 하다. 아침부터 저녁까지 빡빡한 스케줄을 소화해야 하는 여행이 아니라 천천히 여행과 일상을 공유하는 것이 아이와 함께 하는 여행의 주된 포인트다. 큰 욕심을 버리고 그냥 런던에서 조금 바쁘게 사는 사람이 감당할 수 있을 정도의 스케줄로 짜는 게 좋다.

★ 그밖에 필요한 여행 규칙들

❶ 사전에 예약하고 구입할 수 있는 것들을 미리 준비할수록 여행이 쉬워진다.
❷ 런던에 도착한 첫날의 반나절은 과감히 시차적응을 위한 휴식 시간으로 계획한다.
❸ 하루의 스케줄은 최대 3곳을 넘기지 말자(1~2곳이 적당하다).
❹ 주말에는 미술관이나 박물관의 가족 프로그램을 적극적으로 활용하자.
❺ 비가 자주 오는 날씨를 고려해 야외에 가는 날이라도 근처 실내 공간에 대한 정보를 알아두자.
❻ 공원이나 놀이터처럼 매일 아이가 밖에서 뛰어놀 수 있는 시간을 꼭 만들자.
❼ 하루 스케줄을 짤 때는 대중교통으로 움직일 때 예상되는 소요시간보다 두 배 이상의 시간적 여유를 두자(아이와 함께 움직이기 때문에 실제 소요시간은 훨씬 많이 든다).

Tip

여행 준비에 도움이 되는 사이트
- 런던 타임아웃 www.timeout.com/london
- 런던 공식 여행 가이드 사이트 www.visitlondon.com
- 론니플래닛 런던 www.lonelyplanet.com/england/london
- London with Kids mylittlenomads.com/london-for-kids
- 런던 여행 정보 www.londontown.com/events
- 런던 교통 정보 tfl.gov.uk/travel-information/visiting-london

02
비행기 티켓 알뜰하게 구입하기

여행 준비의 첫 번째 관문, 비행기 티켓 구입하기. 모든 예산을 최대한 절약하는 것이 전체 예산을 줄일 수 있는 방법이다. 서울에서 런던으로 가는 티켓은 경유 횟수가 많을수록 금액은 내려가지만 아이의 컨디션을 고려하자면, 1회 이상 경유는 추천하지 않는다. 과거에는 여행사를 통해 항공권을 구입했다면 요즘은 인터넷을 통해서 충분히 저렴한 티켓을 직접 구입할 수 있다. 항공권 가격은 직항의 경우 160만 원 선, 1회 경유의 경우 100~120만 원 선에 구입할 수 있다.

★ 스카이 스캐너에서 항공권 비교해보기

영국에 본사를 두고 있는 스카이 스캐너는 대표적인 항공권 가격비교 사이트다. 원하는 날짜와 인원수, 장소를 입력하고 검색을 하면 저렴한 항공권을 순서대로 보여준다. 특별히 선호하는 날짜가 없고 가장 저렴한 티켓을 원한다면 '가는날'을 클릭한 후 '한 달 전체'를 클릭해 '월별' 가격이나 '가장 저렴한 달' 가격을 이용해서 항공권을 선택할 수 있다.

자신이 원하는 조건의 항공권을 찾지 못했다면 스카이 스캐너 '가격 변동 알림 받기' 기능을 이용하면 편리하다. 이메일 주소만 입력해놓으면 24시간마다 설정해놓은 조건의 가격을 확인해서 메일로 알려준다.

그밖의 항공권 비교 사이트로는 인터파크항공, 투어익스프레스, 온라인투어, 웹투어 등이 있다. 2~3군데 비교 사이트를 돌아다녀보면서 본인에게 익숙한 레이아웃이나 이용하기 편리한 사이트를 선택하면 된다.

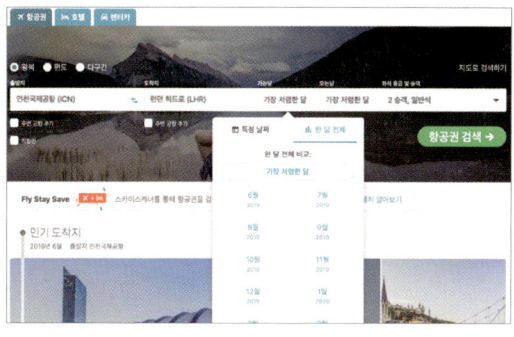

'한 달 전체' 기능을 이용해서 가장 저렴한 티켓 찾기

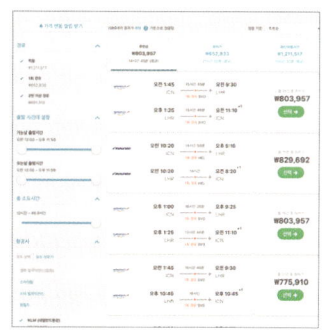

항공권을 검색한 후 왼쪽의 다양한 설정 기능을 이용해 보기

★ 외국항공사
홈페이지
회원가입하기

각 외항사 홈페이지를 가입해놓으면 항공사에서 제공하는 프로모션 혜택을 이메일로 받아볼 수 있다. 대한항공이 속해 있는 스카이팀, 아시아나항공이 속해 있는 스타얼라이언스 항공사를 살펴보고 마일리지를 적립할 수 있는 외항사를 선택하는 것도 현명한 방법이다. (단, 제휴 항공사마다 마일리지 적립률은 다를 수 있다.)

대한항공과 아시아나항공 소속 제휴 항공사 중 인천~런던 노선을 운영하는 항공사는 다음과 같다.
- **스카이팀 제휴 항공사(대한항공 소속)** 아에로플로트(러시아항공), 에어프랑스, 알이탈리아, 중국동방항공, 중국남방항공, 델타항공, KLM 네덜란드항공 등.
- **스타얼라이언스 제휴 항공사(아시아나항공 소속)** 에바항공, 에어차이나, 에티하드항공, 에디오피아항공, 루프트한자, 오스트리아항공, 싱가폴항공, 타이항공, 터키항공, 스칸디나비아항공 등(브리티시 에어라인은 원월드Oneworld 팀에 속한다).

★ 티켓이 가장 싼
날은 일요일

월스트리트 저널에서 공개한 자료에 따르면 항공권이 가장 싼 날은 일요일이고 가장 비싼 날은 화요일로 일요일과 가격 차이가 15% 이상 난다고 한다.

★ 땡처리 항공권
보다는 특가할인
항공권을 노리자

아이와 함께 여행하는 것이기 때문에 최대한 필요한 것들은 미리 예약하고 준비하는 것이 좋다. 출발 1~2주 전에 예약자리가 남아 땡처리하는 항공권보다는 미리 4~5개월 전에 나오는 특가항공권을 노려보자. 얼리버드 프로모션의 경우 장거리는 발권 90~120일 전부터 많이 풀린다.

03 어디에서 지낼 것인가?

런던 장기여행에서 가장 중요한 문제는 '어디에서 지낼 것인가?' 이다. 일주일 이내의 여행이라면 관광지에서 최대한 가까운 곳에 숙소를 잡으면 되지만 일주일이 넘어가면 이야기는 달라진다. 더군다나 아이와 함께 하는 여행이라 싼 호스텔에서 장기체류를 하는 것은 사실상 불가능하다. 무조건 경비를 아낀답시고 싼 숙소를 골랐다가 안전과 위생에 문제가 생기면 여행 자체를 망칠 수도 있다. 그렇다면 어떤 기준으로 숙소를 찾아야 할까?

★ 숙소를 고를 때 꼭 고려해야 할 요소

❶ 취사가 가능해야 한다. 제한된 예산으로 장기여행을 하기 위해선 밥을 직접 해먹을 수 있는 주방이 필요하다.
❷ 세탁이 가능해야 한다. 말 그대로 '런던에서 생활'하면서 일상처럼 지내야 하는 장기여행이기 때문에 여행에 필요한 최소한의 옷만 준비하고, 그때 그때 세탁해 입는 게 좋다. 특히, 아이들은 자주 옷을 갈아 입혀야 하는 경우도 많기 때문에 세탁 시설은 필수다.
❸ 숙소가 전철역이나 버스정류장과 가까워야 한다. 외출하는 날이 많기 때문에 런던 도심이 아니라면 교통이 편리하거나 전철역과 가까운 게 중요하다. 최대한 교통이 편리한 곳에 숙소를 잡자.
❹ 무엇보다 안전해야 한다. 이건 너무나도 당연한 이야기. 치안이 안전한 동네인지를 따져보는 건 기본 중의 기본이다.

★ 런던에서 안전한 동네는 어디일까?

❶ 어느 곳이나 마찬가지지만 가장 안전한 동네는 없다. 다만, 과거 런던의 동쪽은 공장지대였고 서쪽은 주택가였다. 그래서 사우스 켄싱턴, 첼시 지역을 중심으로 부촌이 형성되어 있다.
❷ 서쪽 집들은 오래된 집이 대부분이라 싸면서 깨끗한 집을 기대하기는 어렵다. 대신 전형적인 영국 스타일의 집이 많은 편이다. 동쪽 집들은 개발된 곳이 많아 현대식으로 지은 집이 많고 깨끗하고 서쪽에 비해 저렴한 편이다. 대신 다양한 이민자들이 많이 사는 곳이라 전형적인 런던의 모습을 느끼는 데 한계가 있다.
❸ 한국 사람들이 선호하고 비교적 안전한 동네는 서쪽의 사우스 켄싱턴과 첼시, 노팅힐, 풀럼, 카나리 워프, 캐나다 워터, 도심에서 약간 남쪽에 있는 핌리코, 워터루, 북쪽의 스위스 코티지, 햄스테드 쪽이 괜찮다. 남동쪽의 앨리펀트 & 캐슬과 브릭스톤은 추천하지 않는다.

★ 런던 현지인의 집을
빌리는 똑똑한 방법

에어비앤비 www.airbnb.co.kr

2008년 8월에 시작된 세계 최대의 숙박 공유 서비스다. 220개국 이상, 10만 개가 넘는 도시에서 4백만 명 이상의 호스트들이 에어비앤비를 통해 자신의 집이나 방을 공유하고 있다. 간단한 사이트 가입을 한 후 본인이 원하는 나라와 도시, 날짜, 인원수를 입력하면 리스트를 올린 사람들과 집에 대한 정보, 사진, 리뷰 등을 한눈에 볼 수 있다. 호텔보다는 훨씬 저렴하면서 현지인의 삶을 그대로 공유할 수 있는 에어비앤비. 좋은 집을 고르는 방법 및 장기렌트 시 도움이 될 만한 정보를 공개한다.

※ 에어비앤비 할인쿠폰

에어비앤비가 처음이라면 친구추천을 통해 최대 4만 4,000원의 할인쿠폰을 받을 수 있다. 주변에 에어비앤비 사용자가 없다면 '소개코드'란에 hkim422을 입력하면 할인쿠폰을 받을 수 있다.

❶ **한 달 렌트가 가장 싸고, 다음으론 일주일 렌트가 저렴하다**

모든 호스트가 그런 것은 아니지만 대부분 호스트들은 장기렌트를 선호한다. 호스트 입장에서도 개인 생활이 있기 때문에 매일 손님을 받고 집을 청소하는 것이 여간 번거롭지 않을 것이다. 그래서 중장기 임대를 선호하는 호스트들이 많다. 1박보다 연박의 경우 비용도 싸진다. 가령, 같은 집이라도 5~6일 빌리는 것보다 7일 빌리는 것이 더 쌀 때가 많다.

에어비앤비를 통한 단기렌트의 장·단점

장점
❶ 원하는 장소, 날짜, 가격을 맞출 수 있다.
❷ 런던 현지인의 삶을 엿볼 수 있다. 영국인 집에 머물면서 그들의 주거생활을 직접 경험할 수 있다.
❸ 가족이 머물기 좋다.
❹ 호텔보다 싼 가격, 장기렌트에 유리. 매일 침대 시트를 갈아주고 청소를 해주는 호텔의 서비스를 포기하는 대신, 호텔보다 저렴한 가격으로 편하게 숙소를 이용할 수 있다.
❺ 한인 사이트를 통한 렌트보다는 더 체계적이다. 문제가 생겼을 때 에어비앤비 회사가 책임을 지는 시스템이기 때문에 곤란한 상황에 대처하기 편하다. 또한 호텔처럼 기본 침구류, 세면도구 등의 물품을 제공하기 때문에 장기여행의 짐을 줄일 수 있다.

단점
❶ 영국인 호스트와 의사 소통에 제약이 있다.
❷ 장기렌트 시, 호텔보다는 싸지만 한인 사이트로 렌트하는 것보다는 비싸다.
❸ 싱글룸을 렌트할 경우 주방과 세탁기 사용이 힘들 수 있다. 간혹 광고에 주방, 세탁기가 있다는 것만 보고 집을 렌트했다가 사용하지 못할 수도 있으니 호스트와 꼭 커뮤니케이션을 해볼 것.
❹ 모든 예약이 끝났음에도 불구하고 호스트가 일방적으로 예약을 취소할 수도 있다. 이럴 경우 에어비앤비 본사로 연락해 해결을 받을 수 있지만 호텔에 머무는 것에 비해선 안전과 예약 문제가 종종 발생하기도 한다.

따라서 장기로 집을 검색할 때는 일주일 단위로 검색하자. 똑같은 집이라도 6일로 설정하는 가격과 7일로 설정하는 가격이 달라진다. 또 에어비앤비의 경우 서비스 수수료를 받기 때문에 소비자가 부담해야 하는 가격은 실제 렌트비보다 더 많다. 청소비의 경우 호스트에 따라 부과하는 사람도 있고 부과하지 않는 사람도 있으니 주의하자.

❷ 지역을 나눠서 렌트를 하는 방법도 있다
런던의 문화시설은 여러 곳에 분산되어 있기 때문에 일주일이나 이 주일 단위로 지역을 나눠서 집을 빌리는 방법도 있다. 단, 잦은 이동은 추천하지 않는다.

❸ 확실히 검증된 집을 원한다면 '에어비앤비 플러스'를 검색해보자.
2018년부터 시작된 서비스다. 기존의 숙박업소들 중 에어비앤비가 제시한 100가지 항목을 통과해야 '에어비앤비 플러스'로 승격이 된다. 에어비앤비 이용에 막연한 불안함을 갖고 있다면 편안함과 퀄리티가 보장된 '에어비앤비 플러스'를 이용하는 것도 한 방법이다.

❹ 리뷰가 하나도 없는 사람이라고 무시하지 말자
에어비앤비에서 가장 중요한 요소 중 하나는 그 숙소에 대한 리뷰다. 이전에 다녀간 여행자들의 리뷰가 절대적으로 중요한 사이트이지만 간혹 리뷰가 하나도 없는 곳이 있다. 자칫 생각하기엔 숙소가 별로라서 그런가 라고 생각할 수 있는데, 최근에 에어비앤비에 가입했거나 호스트로 등록한 지 얼마 되지 않아 리뷰가 없는 경우들이 있다. 집은 마음에 드는데 리뷰가 없다면 무조건 지나치지 말고 호스트에게 직접 쪽지로 궁금한 것들을 물어보자.

❺ 눈에 보이는 것이 다가 아니다
호스트와 쪽지로 커뮤니케이션을 하는 것이 중요하다. 또 장기체류의 경우 금액을 협상할 수 있는데 아이가 어릴 경우 2명을 클릭하기보다는 1명을 클릭해서 금액을 확인한 후 호스트에게 아이는 무료로 지낼 수 있는지 여부를 물어보는 게 좋다.

❻ 한국인 리뷰가 큰 도움이 된다
에어비앤비 언어를 한국어로 설정하면 한국인 리뷰가 바로 보인다. 아무리 좋은 집이라도 한국인들이 생활하기에 좋지 않은 곳도 있다. 한국인 리뷰를 잘 활용하자.

❼ '필터 추가하기' 기능을 잘 이용한다
'필터 추가하기'를 통해서 가격 범위, 숙소 유형, 편의 시설 등을 선택할 수 있다. 좀 더 검증된 숙소를 원한다면 '슈퍼호스트'를 클릭하고, 짐이 많다면 장애인 편의시설 내의 '엘리베이터'를 클릭한다. 체크인 시간이 정확하지 않거나 외국인과 의사소통이 불편하다면 시설 부분에서 '셀프 체크인'을 클릭해서 숙소를 검색해본다.

한인 숙소의 플랫 쉐어 Flat Share

플랫 쉐어란 한국식으로 자취, 하숙의 개념이다. 렌트비가 비싼 대도시에서 살고 있는 싱글들이나 유학생들이 생활하는 주거 형태이다. 한 집에서 같이 살면서 방은 따로 쓰고 거실과 주방, 욕실은 공유한다(간혹, 욕실은 따로 사용하는 방도 있다). 방의 개수에 따라 집을 공유하는 인원은 다양하다. 보통 3~4명이 많고 지역, 방 크기에 따라서 가격도 다양하다. 단기 플랫 쉐어를 하게 되면, 일반적으로 입주하는 날 한 달 렌트비와 보증금을 함께 지불하고 보증금은 집을 떠나는 날 다시 돌려받는다. 영국 주인이라면 파운드로 모든 결제가 이루어지지만 한국 주인이라면 한화 결제도 가능하고 바로 한국 통장으로 자동이체를 하기도 한다.

플랫 쉐어의 경우 영국 사이트와 한국 사이트가 있는데 한인들 사이에서 플랫 쉐어가 활발히 이루어지는 '영국 사랑'이란 사이트(www.04uk.com)를 소개한다. 에어비앤비의 숙소들보다는 영국 분위기가 덜 느껴지지만 절대적인 렌트 비용은 줄일 수 있다.

홈페이지 초기 화면의 상단 오른쪽에 있는 '숙박' 아이콘을 클릭하면 런던 지역별로 폴더가 나눠져 있고 장·단기 방을 확인할 수 있다. 올려진 방을 보고 연락할 수도 있고 본인이 직접 원하는 날짜, 지역, 가격을 정해서 글을 올릴 수도 있다.

❶ 숙박 카테고리의 경우 런던 N/NW는 북쪽/북서쪽, 런던 SW/W/WC는 남서쪽/서쪽/도심에 가까운 서쪽, 런던 E/EC/SE는 동쪽, 도심에 가까운 동쪽, 남동쪽을 지칭한다.

❷ 런던에서 한인들이 많이 사는 뉴몰든 지역은 4존으로 런던의 남서쪽에 위치한다. 한인마트와 상가가 밀집되어 있어 상대적인 안정감을 가질 수 있지만 런던 시내까지 최소 40~50분 이상이 소요되니 가급적 피하는 게 좋다.

❸ 북서쪽 3존에 있는 골더스그린을 중심으로 한 헨돈Hendon 지역은 제 2의 한인타운이다. 런던 시내까지 30분 이상 소요된다.

❹ 런던 시내까지 나가는 시간을 고려한다면 가급적 1, 2존의 집을 구하는 것이 좋다. 오이스터 교통카드 역시 존 별로 가격이 달라지기 때문에 1, 2존의 집을 구하는 것이 단기렌트에서는 이득이다.

❺ 올려진 방을 보고 연락을 하는 방법도 있지만 본인이 직접 글을 올리면 방을 구하기 더 쉽다. 게시글은 구체적일수록 좋다.

한인 사이트를 통한 단기렌트의 장·단점

장점
1. 한국인과 연락을 주고 받기 때문에 의사소통에 편리하다.
2. 에어비앤비보다 싼 집들이 많다.
3. 여름에 한국에 들어가는 유학생들로 인해 6~8월의 여름방학에 집중적으로 단기 방이 많이 나온다.
4. 한국 정서에 맞는 집들을 찾기 쉽다. 에어비앤비의 경우 런더너의 삶을 경험할 수 있다는 매력이 있는 반면 신발을 신고 집을 다니는 문화 등 우리 정서와 맞지 않는 문화에 거부감이 생길 수도 있다. 반대로 영국 사이트에 나오는 방들은 한국인을 상대로 거래하기 때문에 한국 정서에 맞는 집들이 많다.
5. 실제 방을 보지도 않고 계약을 하는 것이 불안하다면 런던에 와서 숙소를 보고 결정할 수 있다. 일명 '뷰잉'이라고 하는데 사진이 아닌 실제 모습을 확인할 수 있는 장점이 있지만 런던에 도착해 하루, 이틀은 호텔과 같은 숙소에서 지내야 하는 불편함, 비용 및 시간 소모를 감수해야 한다.

단점
1. 원하는 날짜를 맞추기가 힘들다. 에어비앤비의 경우 이미 내가 원하는 날짜를 맞춰 가능한 방들을 보는 시스템이지만 한인 사이트는 내가 직접 가능한 방을 찾아서 호스트와 날짜를 조율해야 한다.
2. 에어비앤비에 비해 상대적으로 적은 양의 숙소. 방학 시즌은 많지만 그 외의 시즌에는 단기로 렌트를 내놓는 숫자가 적다.
3. 런던 중심보다는 외곽에 있는 집들이 많다. 일반 주택가나 한인이 밀집된 곳의 집을 내놓기 때문에 중심부보다는 런던 중심에서 차로 20~30분 떨어진 곳이 많다.

1. 저자가 묵었던 숙소 외관 모습. '영국 사랑' 사이트를 통해 빌렸다.
2. 게스트 두 명이 지낼 수 있는 침실.

04 대략적인 한 달 렌트비

한 달 렌트비는 어느 동네냐에 따라, 집의 상태에 따라, 방의 크기와 싱글룸인지 집 전체인지에 따라 가격이 천차만별이다. 에어비앤비의 경우, 가격 분포가 아주 넓기 때문에 자신의 재정 능력에 따라 원하는 집을 선택할 수 있다. '영국 사랑'을 통한 단기렌트의 경우 에어비앤비보다 약 30% 저렴한 가격에서 방(싱글룸)을 구할 수 있다.

공동생활에 익숙하지 않은 사람들이라면 스튜디오(한국식 원룸)나 집 전체를 알아봐야 하는데 한인사이트는 상대적으로 올라오는 스튜디오가 적은 편이다. 가격은 한 달에 2,000~3,000파운드 전후로 스튜디오를 구할 수 있다. 에어비앤비는 집 전체를 빌려주는 호스트가 많은 대신 한인 사이트보다 가격이 비싸다. 코로나 팬데믹 이후 인플레이션으로 한 달 렌트비가 이전에 비해 약 50% 이상 상승했다.

2인 기준	에어비앤비	한인 사이트 통한 단기렌트
싱글룸(방 하나+거실, 욕실 공유), 혼자 욕실을 사용하는 경우도 있다.	주당 350파운드 이상 한 달 1,300파운드 이상	주당 230파운드 이상 한 달 900파운드 이상
집 전체 혹은 스튜디오	주당 800파운드 이상 한 달 3,200파운드 이상	주당 500파운드 이상 한 달 2,000파운드 이상
보증금(디파짓)	없음 (퇴실 후 기기 파손의 경우 요구하는 경우가 있음)	한 달 렌트비의 절반 혹은 한 달 렌트비(호스트에 따라 다름)

05 여행 예산 세우기

어쩌면 여행에 가장 필요한 것은 경비일지도 모른다. 누구나 런던, 파리와 같이 이름만 들어도 가슴이 뛰는 도시에서의 삶을 꿈꾼다. 하지만 일상과 여행 중간의 삶을 살아가는 것은 생각만큼 쉽지가 않다. 막연하게 런던은 물가가 비싸고 한 달간 여행 경비를 부담스럽게 생각한다면 이 여행은 절대 시작할 수 없다. 정확하게 필요한 예산을 세워보면 한 번은 해볼 만한 가치가 있다는 생각이 들 것이고 어느새 비행기 티켓을 예매하고 있는 당신을 발견할 것이다. 아래 예산은 저자의 경험을 토대로 2인 기준으로 작성된 예산안이다. (코로나 팬데믹 이후 인플레이션을 반영해 2주와 4주 예산안을 나눠 기록했다.

★ 런던 여행 경비, 얼마나 들까?

❶ 런던은 교통비가 비쌀 거라는 편견은 금물. 일반 편도 티켓은 6.7파운드로 매우 비싸지만 오이스터 카드를 이용해 일주일 단위로 충전을 하면 일주일에 40.7파운드(1-2존 기준), 우리 돈으로 9만 5천원으로 버스와 전철을 무제한 사용할 수 있다(런던 외곽으로 여행을 할 경우 교통비는 더 늘어난다).
❷ 외식비 역시 패스트푸드나 샌드위치, 간단한 음식을 먹을 경우 한 끼에 10파운드 내에서 해결이 가능하다. 점심을 먹느냐, 저녁을 먹느냐에 따라 금액이 달라진다. 매일 맛집을 찾아다닌다는 생각보다는 본인의 예산에 맞게 외식비를 조절하길 바란다.
❸ 책에 수록된 갤러리나 박물관을 이용할 경우 입장료는 대부분 무료이다. 저자의 경우 무료로 이용할 수 있는 장소를 적극적으로 이용했기 때문에 문화 공연에 특별한 입장료를 지불하지 않았다. 단, 해리포터 스튜디오나 뮤지컬, 놀이공원 등을 이용할 경우 별도의 예산을 세워야 한다.
❹ 대략적인 예산안을 살펴보면 항공권과 렌트 값을 제외한 2인 한달 생활비는 최소 180만 원 선, 2주 생활비는 최소 100만 원으로 생각보다 높지 않음을 알 수 있다. 장기로 런던에 거주할 경우 매일 관광을 하는 여행보다는 런던의 일상을 느낀다는 생각으로 여행에 임하는 것이 좋다.
❺ 한 달이 부담스럽다면 기간을 줄여 2주나 3주 정도 런던의 일상을 경험하는 것도 좋다.

저자의 실제 예산안

(2023년 기준, 1파운드에 1,600원 적용)

필요한 요소	4주 예산 파운드(£)	4주 예산 한화(만 원)	2주 예산 파운드(£)	2주 예산 한화(만 원)	비고
한국⇌런던 왕복티켓		150~200 x2명		150~200 x2명	직항인지 경유인지에 따라 가격 차이가 생긴다. 7월 초의 경우, 직항은 대략 200만 원 선이다.
렌트비 (한인 사이트 기준)	2,000~2,500	약 320~400	500~1,000	약 80~160	에어비앤비를 통해 렌트를 할지, 한인 사이트를 통해 렌트를 할지에 따라 금액이 달라지고 쉐어룸인지 스튜디오인지에 따라서도 달라진다.
교통비 (만 11세 이하 무료)	238	약 38	156	약 26	공항에서 시내 들어오는 왕복 공유 차량 택시 비용(35x2=70파운드)+오이스터 카드 구입비(7파운드)+일주일 정액권(40.7파운드) 등을 포함.
핸드폰 비용	35	약 5.7	35	약 5.7	쓰리통신사 한 달 정액제(인터넷 무제한)
일주일 식비	400~500	약 65~80	200~250	약 33~41	아침식사를 비롯해 집에서 해먹는 음식에 필요한 식비 예산
하루 간식비	280	약 42	140	약 21	매일 외출을 한다고 가정했을 경우 외식을 제외한 커피 및 아이의 군것질로 들어가는 비용을 매일 10파운드로 잡아두었다.
외식비	300~500	약 45~75	150~250	약 23~38	외식은 하루 한 끼 이상 하지 않는 것을 기준으로 하였고 한 번에 최대 20파운드를 넘지 않는 식사로 했다. 저녁보다는 점심이 일 인당 10파운드 내에서 먹을 수 있는 레스토랑이 많다.
입장료	거의 무료				책에 수록된 갤러리나 박물관을 이용할 경우 입장료는 대부분 무료이다.
쇼핑 및 기타 지출	개인에 따라 다름				쇼핑을 비롯한 근교 여행은 무엇을 사느냐, 어디를 가느냐에 따라 달라지기 때문에 구체적인 예산에서 제외했다.
총 합계	약 815~1,041만 원		약 489~692만 원		항공권은 여행 기간에 상관없이 고정 지출이 되는 금액이라 전체 합계가 절반으로 줄지는 않았다. 따라서 시간을 낼 수만 있다면 한 번 갔을 때 길게 있는 게 유리하다.

06
트래블월렛 / 토스뱅크 / 하나 비바X카드

최근 해외여행에서 가장 많이 사용하는 카드이다. 각각 혜택이 다르기 때문에 유리한 조건의 2가지 카드를 조합해 사용하는 것을 추천한다. 위 4가지 카드는 모두 컨택트리스(contactless) 카드로 비접촉 결제가 가능해 카드 복제 및 도용 범죄를 방지할 수 있다.

★ 트래블월렛
TravelWallet 체크카드

트래블월렛 어플을 이용해 카드에 외화를 미리 충전하고 충전된 외화로 매우 낮은 수수료로 해외 결제하는 외화 충전/결제 서비스다.
- 선불식 충전카드, 연회비 없음
- 실시간 환율로 외화 충전
- 영국 환율 100% 우대
- 미국과 유로존은 환전 수수료가 무료, 영국은 환전 수수료 0.5%
- 현지 ATM 국제 브랜드 수수료 1%,
- VISA 가맹점에서 수수료없이 ATM 출금 가능(일 $1,000/월 $2,000)

트래블월렛 사용 방법
❶ 스마트폰에서 트래블월랫 어플을 다운받는다.
❷ 연락처, 주민번호 등을 입력하고 등록할 한국 계좌의 은행을 선택한다.
❸ 회원가입 완료 후 트래블페이 카드 발급하기를 클릭한다.
❹ 트래블월렛 앱에서 외화를 충전한다. (등록한 계좌에 바로 출금되어 현지 통화로 충전된다)
❺ 현장에서 트래블월렛 카드로 결제하면 카톡으로 이용 내역을 알려준다.

★ 토스뱅크 체크카드

- 결제 금액의 국제 브랜드 수수료 1%, 건당 해외서비스 수수료 0.5% 청구
- 마스터카드 가맹점에서 결제 금액의 3% 무제한 결제와 동시에 캐시백(해외 이용수수료 별도. 해외 이용 수수료 이상의 캐시백을 받으려면 큰 금액 위주 사용에 유용)
- 해외 ATM 현금 인출 수수료 $3 면제

★ 하나 비바X 체크카드

- 선불식 충전카드, 연회비 없음
- 발급 수수료 2,000원. 다음달 말일까지 만원 이상 사용시 환급
- 하나은행 계좌와 연동되어 있어야 혜택이 가능.
- ATM 인출 수수료 면제 (현지 ATM 자체 수수료는 붙을 수 있음)
- 해외 가맹점 이용 수수료 면제

★ 하나트래블 로그 체크카드

- 트래블월렛 서비스에 하나트래블 어플에 외화를 미리 충전하고 충전된 외화로 매우 낮은 수수료로 해외 결제하는 외화 충전/결제 서비스다.
- 충전식 선불카드, 연회비 없음
- 환율 100% 우대(하나머니로 충전 시에만 해당)
- 파운드 환전수수료 면제
- 해외에서 카드 결제 시 해외서비스, 국제브랜드 수수료 0%
- 마스터카드 가맹점은 현지 ATM 외화 인출 수수료 무료

하나 트래블로그 사용 방법

❶ 스마트폰에서 하나트래블 어플을 다운받는다.
❷ 연락처, 주민번호 등을 입력하고 하나머니 계좌를 만든다.
❸ 회원가입 완료 후 트래블로그 카드를 신청한다.
❹ 트래블로그 앱에서 외화를 충전한다. (등록한 계좌에 바로 출금되어 현지 통화로 충전된다)
❺ 현장에서 트래블로그 카드로 결제하면 카톡으로 이용 내역을 알려준다.

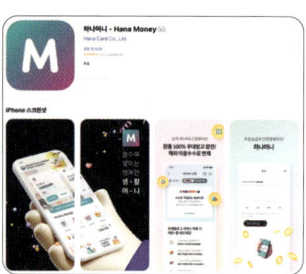

07 여행에 필요한 준비물

될 수 있는 한 짐을 줄이라고 이야기하고 싶다. 아이를 데리고 여행을 가는 것 자체가 이미 짐 하나를 들고 가는 것! 모든 짐을 혼자 들고 가야 한다는 것을 고려해야 한다. 짐의 양에 따라 아이와 함께 하는 여행이 화려한 휴가가 될 수도, 노동의 연장선이 될 수도 있다.

★ 짐을 줄이는 게 짐을 싸는 핵심이다

여행용 캐리어는 중간 사이즈인 24인치를 넘지 않는 것이 좋다. 대신 여행 중 늘어난 짐을 담을 수 있는 접이식 보조가방은 1~2개 준비하자. 어린이용 캐리어는 결국 엄마의 짐이 될 수 있기 때문에 신중하게 고민할 것. 옷은 세탁기가 있는 집을 렌트한다는 것을 전제하에 일주일간 입을 수 있는 정도로만 간단하게 준비하자.

★ 챙기면 좋은 것

❶ 한국음식은 많이 챙겨가면 그만큼 식비를 아끼고 유용할 수 있지만 여행 짐이 늘어나기 때문에 정말 필요한 것 위주로 챙기는 것이 좋다. 고추장은 넉넉하게 챙기는 것이 좋다. 한인 숙소를 렌트할 경우, 여행 리스트 표를 꼭 확인하길 바라고 숙소 주인과 연락을 해서 별도로 필요한 것이 있는지 물어보는 것이 좋다.
❷ 노트북이나 태블릿은 여유가 된다면 가져가자. 장기여행의 경우 숙소에서 보내는 시간에 대한 생각도 하는 것이 좋다. 노트북으로 음악을 듣거나 TV를 볼 수도 있고 사진을 백업해놓을 수 있기 때문에 여러모로 편리하다.
❸ 만 7세 이하의 아이와 함께 여행을 한다면 가벼운 휴대용 유모차를 가져가는 것이 좋다. 런던은 버스 디자인이 잘 되어 있어 유모차를 가지고 버스 타기가 좋은 도시이다. 아무리 여행일정을 느슨하게 짜도 아이는 쉽게 피곤해 하기 마련. 이럴 때 유모차가 큰 역할을 한다.
❹ 유럽에는 나무바닥이나 나무침대 등이 많아 베드버그Bedbug(일명 빈대)가 살기 좋은 환경이다. 모기에 물린 것보다 3~5배 이상 가렵다면 빈대를 의심해봐야 한다. 빈대에 물렸다면 입고 있던 옷을 버리는 것이 가장 좋지만 버릴 수 없는 옷이라면 햇빛에 말리거나 건조기에 돌려서 다림질을 한다. 한국에서 미리 세레스톤지(광범위 피부 질환제), 항히스타민제(먹는 약), 맨소래담 로션(절대 긁으면 안 됨), 비오킬(동성제약) 등을 준비해가는 것도 좋다.

★ 현지에서 사도 되는 것

부피가 크거나 무게가 나가는 것들은 현지에서 사는 것을 원칙으로 한다. 잠깐 사용하는 물건들이기 때문에 비싸게 구입하기보다는 프리마크Primark나 파운드랜드Poundland에서 저렴하게 구입하면 좋다. 파운드랜드는 대부분의 물건을 1파운드에 판매하는 곳이지만 런던의 중심가보다는 주로 캠든 지역, 쇼디치 쪽 리젠트 파크 북쪽 등 외곽에 위치한다. 본인의 숙소 근처에 파운드랜드가 없다면 굳이 찾아가지 말고 프리마크나 주변 마트를 이용하자.

❶ **쌀** 비상시에 먹을 수 있는 햇반 정도는 챙기되, 별도의 쌀은 런던 마켓에서 구입하자. 한국식 쌀도 있고 베트남식 쌀도 판매한다.

❷ **목욕용품** 만약을 대비해 1~2일 쓸 수 있는 여행용 목욕용품(샴푸, 린스, 샤워젤, 치약 등)만 챙기고 나머지는 런던에서 구입하자. 런던은 목욕용품 브랜드도 많고 가격대도 저렴하다.

❸ **모래놀이 도구나 무게 나가는 장난감** 런던 공원이나 놀이터에 모래사장이 있어 모래놀이 도구가 있으면 아이와 유용하게 놀 수 있다. 프리마크에서 1~2파운드에 구입할 수 있다.

❹ **모자 달린 비치 타월, 물티슈, 방수돗자리** 비치 타월이 있다면 하나만 챙기고 없다면 현지에서 구입해도 된다. 프리마크에 가면 어린이용 비치 타월을 5파운드 내외에서 구입할 수 있다. 방수돗자리 역시 부피를 많이 차지하는 아이템이기 때문에 필요할 때 프리마크에서 싸게 구입하자.

❺ **유심칩** 런던에 도착하자마자 핸드폰을 쓰고 싶고 유심칩 구입하는 시간을 절약하고 싶다면 한국에서 미리 유심칩을 구입할 수 있다. 검색창에 '영국 유심칩'을 검색하면 데이터 양에 따라 다양한 유심칩이 나온다. 무제한 데이터 요금제는 없고 데이터 양에 따라서 유심 요금은 2~4만 원으로 다양하다.

Tip

저렴하게 생활에 필요한 모든 것을 구입할 수 있는 곳, 프리마크Primark

옥스포드 스트리트 근처를 지나면 황토색 종이백을 들고 다니는 젊은이들을 쉽게 만날 수 있다. 살인적인 물가를 자랑하는 런던이지만 프리마크만은 예외. 의류에서부터 가정용품, 주방용품, 욕실용품, 어린이용품, 화장품 등 거의 모든 제품을 부담 없는 가격으로 살 수 있다. 가격이 저렴해도 품질이 좋은 제품들이 많기 때문에 부담 없는 가격으로 쇼핑의 재미를 느낄 수 있는 곳이다.

그밖에 장기여행에 필요한 여행 준비물

카테고리	구체적인 리스트	비고
신분증	여권사본, 엄마와 아이 증명 사진 두 장씩	여권 분실 시 필요한 증명 사진을 두 장씩 챙긴다.
한국음식	기내에서 먹을 간단한 간식	기내 음식이 맞지 않을 경우를 대비해 간단한 식사를 챙기자.
	튜브형 고추장, 마른김, 짜장이나 카레 가루(최대 2개 이상 넘지 않도록), 햇반, 컵라면 등	런던 안에 한인마트가 있지만 시내와 떨어져 있거나 한국에 비해 가격이 매우 비싸다. 본인이나 아이가 즐겨 먹는 제품이 있다면 가벼운 제품 위주로 챙기자. * 쌀의 경우 영국 마켓에서 소량으로 구입할 수 있다.
비상약	체온계, 해열제, 종합감기약, 소화제, 설사약, 밴드에이드, 흉터연고, 바셀린	한국에 비해 약값이 비싸다. 소량의 비상약은 챙기는 게 좋다.
옷	수영복, 운동복 소재의 반팔 셔츠, 모자 달린 비치 타월	런던 도심에서 물놀이를 즐길 수 있는 곳이 많다. 예상치 못한 순간에 물놀이를 즐기거나 놀이터 모래놀이와 물놀이를 즐기는 경우를 대비해 수영복과 땀이 잘 배출되고 잘 마르는 소재의 반팔 셔츠를 챙기면 좋다. 모자 달린 비치 타월은 공공장소에서 아이 옷을 갈아 입힐 때 편리하다.
	가벼운 방풍 점퍼나 비닐 점퍼	런던은 비가 수시로 오거나 저녁에 쌀쌀해지기도 하기 때문에 가벼운 방풍 점퍼가 우산보다 더 유용하다.
유심칩	런던에 도착하자마자 사용할 수 있는 유심칩	유심칩을 구입하는 시간을 절약하고 싶다면 한국에서 미리 구입을 할 수 있다.
한인 사이트에서 숙소를 렌트할 경우	세안 수건, 샤워솔, 슬리퍼, 목욕용품, 일회용 젓가락이나 나무 젓가락, 고무장갑	에어비앤비 렌트는 수건을 제공하지만 한인 사이트를 통한 렌트는 개인적인 용품은 따로 챙겨와야 한다. 한국처럼 바닥이 깨끗하지 않기 때문에 쓰고 버릴 수 있는 슬리퍼도 구비한다. 샴푸, 린스 등의 목욕용품은 휴대용으로 조금만 챙기고 나머지 기간은 런던 마켓에서 구입해서 사용하자.
기타	동전 지갑, 카드 지갑, 접이식 보조가방이나 에코백, 멀티탭, 소량의 지퍼백, 손톱깎이	영국 화폐는 동전이 많아서 동전 지갑은 꼭 필요하다. 오이스터 카드만 넣고 다닐 수 있는 카드 지갑이나 목걸이형 카드 지갑을 챙기면 유용하다. 평상시 아이 간식이나 도시락을 들고 다닐 수 있는 작고 가벼운 에코백이 있으면 좋다. 짐이 늘어날 것을 대비해 담을 수 있는 큰 사이즈의 접이식 가방도 챙기자. 구멍이 세 개인 220볼트를 사용하므로 멀티어댑터는 필수이다.

08
여행 전에 보면 좋은 영화들

감명 깊게 본 영화는 영화 후에 그 장소에 가고 싶어지게 만드는 놀라운 힘을 가지고 있다. 가족이 함께 볼 수 있는 영화는 물론 엄마를 위한 로맨스 영화, 영국 역사를 알려주는 영화 등 런던을 배경으로 하는 영화들이 많다. 여행을 떠나기 전, 런던을 더 이해하고 사랑하기 위해 볼 만한 영화들을 몇 편 소개한다.

★ 가족용

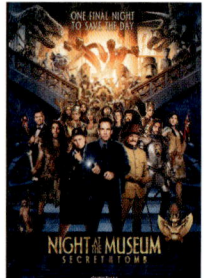

박물관이 살아있다 3, 비밀의 무덤 편(2014)
관련 장소: 영국 박물관, 자연사 박물관, 트라팔가 광장

마법의 기운을 잃어가는 황금석판의 비밀을 밝혀내기 위해 런던 박물관에서 하루 동안 일어나는 이야기다. 런던이 주 배경이기 때문에 런던의 유명한 장소들도 간간이 등장한다.

패딩턴(2014)
관련 장소: 자연사 박물관

패딩턴역, 호스 가드, 런던 거리 및 주택가, 포토벨로 마켓 등 폭풍우에 가족을 잃은 꼬마 곰 패딩턴이 런던에서 새로운 가족을 찾아 나서는 따뜻한 이야기다. 런던 관광청에서 만들었나 싶을 정도로 런던의 명소 구석구석을 보여주는 영화다.

해리포터와 마법사의 돌(2001)
관련 장소: 해리포터 스튜디오, 킹스크로스역, 밀레니엄 브리지

줄거리는 몰라도 '해리포터'라는 이름을 모르는 사람은 없을 듯. 그 유명한 〈해리포터〉 시리즈의 '호그와트 마법학교'를 비롯해 영화의 실제 세트장을 감상할 수 있다.

★ 부모용

다이애나(2013)
관련 장소: 버킹엄궁, 켄싱턴궁, 다이애나 메모리얼 분수
다이애나 왕세자비를 다룬 영화. 왕세자비로서의 모습이 아닌 한 인간이자 여성으로서의 모습을 잔잔하게 담은 영화. 다이애나비가 살았던 켄싱턴궁을 중심으로 런던 왕실의 모습을 볼 수 있다.

러브 액츄얼리(2003)
관련 장소: 서머셋 하우스, 트라팔가 광장, 셀프리지 백화점, 다우닝가 총리관저
크리스마스 런던을 무대로 19명의 남녀 주인공들의 사랑 이야기를 다양하게 풀어낸 옴니버스 영화.

노팅 힐(1999)
관련 장소: 포토벨로 마켓, 햄스테드 히스, 켄우드 하우스
런던 노팅 힐 지역을 배경으로 한 대표적인 영국 영화. 이후 포토벨로마켓은 최고의 관광지가 되었다. 평범한 서점 주인과 세계적인 여배우의 사랑을 그린 영화.

이프 온리(2004)
관련 장소: 런던 주택가, 런던 아이, 로열 알버트 홀
워커홀릭인 남자주인공은 여자친구를 사랑하지만 사랑을 표현하는 것에선 서툴다. 갑작스러운 여자친구의 죽음 후 거짓말처럼 반복되는 하루를 통해 주인공은 누군가를 사랑하는 방법을 배우게 된다. 사랑하는 사람과 함께 하는 시간의 소중함을 일깨워주는 영화.

그밖에 클로저(2004), 다빈치 코드(2006), 셰익스피어 인 러브(1998), 어바웃 타임(2013), 브리짓 존스의 일기(2001), 비커밍 제인(2007)이 있다.

PART 2

런던에 도착하면

01 히드로 공항 입국심사 잘 통과하기
02 히드로 공항에서 런던 시내 들어가기
03 오이스터 카드 하나면 전철, 버스 고민 끝!
04 트래블 카드 구입하고 2 for 1 혜택받기
05 핸드폰 유심칩 구입하기
06 여행 시 응급상황 대처 요령
07 동네 도서관, 슈퍼마켓 알아두기
08 슈퍼마켓에서 살 만한 식품
09 여행에 유용한 앱
10 런던 소매치기 예방하기
11 영어 울렁증 극복하기

01 히드로 공항 입국심사 잘 통과하기

다른 공항에 비해 유난히 입국심사가 까다로운 히드로 공항. 장시간 비행 후 아이와 함께 피곤한 몸을 이끌고 입국심사를 기다리면 알게 모르게 긴장을 하게 된다. 더욱이 악센트가 강한 영국식 영어로 질문을 받으면 아는 단어도 안 들리고 당황하기 마련. 하지만 너무 주눅들 필요는 없다. 입국심사관은 입국카드와 여권을 바탕으로 질문을 하기 때문에 입국카드를 꼼꼼히 적고 질문에 짧고 간결하게 답하면 큰 문제없이 통과할 수 있다. 여행 후기 사이트를 토대로 최근 2~3년간 히드로 공항 입국심사에서 자주 묻는 질문을 정리해보았다.

• 비행기 내에서 입국카드를 받아 필요한 정보를 미리 입력해놓는다. 모든 항목은 대문자로 적는다.
• 질문에 바로 답할 수 있는 답변은 짧고 간결하게 준비하면 좋다.

| 입국심사 시, 자주 묻는 질문 |

당신의 국적은 어디입니까?
Q: What's your nationality?
A: I am from South Korea.

런던이 처음인가요?
Q: Is this your first time in London?
A: Yes 혹은 No, this is my second time.

입국 목적이 무엇입니까?
Q: What is the purpose of your visit?
A: For Sightseeing 또는 Travelling

얼마나 머물 예정인가요?
Q: How long do you stay in London?
A: For 2 weeks 혹은 3 weeks
(기간을 너무 길게 이야기하면 추가적인 질문을 받을 수 있다. 실제보다 조금 짧은 기간을 말해도 된다.)

어디에서 묵을 예정인가요?
Q: Where do you stay in London?
A: Friend's house 또는 Hotel

숙소 주소는 어떻게 되나요?
Q: What's the address?
A: The address is 실제 정확한 주소.
(숙소 이름을 정확히 이야기한다. 주소와 연락처는 따로 적어서 보여줘도 된다.)

여행 예산은 어떻게 되나요?
Q: How much is your budget?
A: 각자 여행 예산을 대략적으로 알려준다.

런던에서 어디 여행할 예정인가요?
Q: Where do you plan to visit in London?
A: Many museums such as The British Museum, National Gallery, and Science Museum.
(가고 싶은 장소를 이야기한다.)

다음 목적지는 어디입니까?
Q: What's your next destination?
A: 다음 목적지가 있다면 이야기하고, 런던만 여행한다면 '서울'이라고 말하면 된다.

02 히드로 공항에서 런던 시내 들어가기

히드로 공항에서 시내로 들어가는 방법은 지하철, 히드로 익스프레스, 엘리자베스 라인, 내셔널 익스프레스, 택시 등이 있다. 가장 저렴한 방법은 지하철을 이용하는 것이고 가장 편리한 방법은 택시를 이용하는 방법이다.

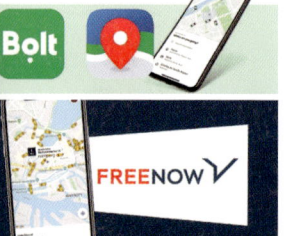

Bolt 공유 차량 앱(위),
Free Now 공유 차량 앱(아래)

히드로 공항에서 시내로 들어가는 방법은 크게 지하철, 히드로 익스프레스, 엘리자베스 라인, 내셔널 익스프레스 리무진, 택시 등으로 나눌 수 있다. 혼자서 여행을 한다면 경비를 절약할 수 있는 지하철을 추천하지만, 아이와 함께 여행한다면 에너지를 최소화하고 안전하게 이동할 수 있는 한인 택시나 공유 택시(프리나우, 볼트, 우버 등)를 추천한다. 한인 택시는 2명 기준으로 80~100파운드(또는 말보르 담배 2보루 + 20~30파운드)이고 인터넷 검색창에서 '런던 공항 픽업' 또는 '런던 한인 택시' 등의 키워드를 입력하면 쉽게 찾을 수 있다.

공유 택시는 런던에서 매우 보편화되어 있는 공유 차량 서비스다. 대표적인 공유 택시였던 우버 Uber가 법적인 이슈를 겪는 사이 후발주자였던 프리나우 Free Now, 볼트 bolt 등이 치열하게 경쟁 중이다. 공유 택시는 모바일 앱을 통해 미리 금액을 확인할 수 있고 저장된 신용카드로 자동 결제되기 때문에 돈을 꺼낼 일이 없다. 공유 택시를 부를 때 이미 목적지를 등록하기 때문에 영어를 못해도 상관이 없다. 또한 탈 때 요금이 정해져 있어 차가 막혀도 불안할 필요가 없다.

히드로 공항에서 공유 택시 타는 장소

대한항공은 터미널 4의 Level 2, Private Hire Pick 표지 앞에서, 아시아나항공은 터미널 2의 Level 4, Row H (Short Stay Car Park 2)에서 탈 수 있다. 안내를 따라 내려가면 공유 택시 타는 표지판을 확인할 수 있다.

공유 차량 픽업 장소

터미널 4의 픽업 위치

공유 택시 이용 방법

❶ 한국에서 공유 택시 앱들(Uber, Bolt, Free Now)을 미리 다운받고 신용카드 연동을 해놓자.
❷ 구글지도에서 숙소 주소를 입력하면 이용할 수 있는 차량 공유 서비스가 하단에 표시된다.
❸ 차량 공유 서비스 가격을 비교한 후 적절한 서비스를 선택한다. 히드로공항에서 런던 시내까지 평균 2명 기준 35~45파운드 선이다.
❹ 터미널에 따라 픽업장소를 확인한 후 택시를 부른다.
❺ 앱을 통해서 선택한 택시가 실시간으로 오고 있는 것을 확인할 수 있다. 자동차 모델명과 차 번호판을 통해 본인이 선택한 차를 확인할 수 있다.
❻ 요금은 등록해 놓은 카드로 자동결제되므로 목적지에 도착한 후 그냥 내리면 된다.

히드로 공항에서 시내로 대중 교통 수단

이동수단	요금 (편도)	소요시간	도착지	특징
지하철 Tube	오이스터 카드 이용 시, 5.6파운드	50~60분	원하는 역	만 10세 이하 어린이 무료. 만 11~15세 어린이는 반값.
히드로 익스프레스 Heathrow Express	7~25파운드	15분	패딩턴	미리 예약할수록 할인율이 높다. 주말 편도 요금이 더 저렴. 만 15세 이하 어린이 무료.
엘리자베스 라인 Elizabeth Line	편도 12.8파운드	30분	패딩턴, 본드스트릿, 토트넘 코트로드 등 보라색 라인	히드로 익스프레스 타는 곳과 동일해 기차를 탈 때 잘 구별할 것. 만 11세 이하 어린이 무료.
내셔널 익스프레스 National Express	10파운드~	50분	빅토리아 코치 스테이션	터미널 2&3 근처의 센트럴 버스 스테이션에서 탑승. 어린이 요금은 반값.
택시 Taxi	대략 90파운드	40~60분	원하는 장소	

지하철

히드로 익스프레스

엘리자베스 라인

내셔널 익스프레스 버스

03
오이스터 카드 하나면 전철, 버스 고민 끝!

여행자들 사이에선 '굴 카드'로 통하는 런던의 오이스터 카드 Oyster card는 한국의 티머니 카드와 비슷한 충전식 교통카드다. 충전 방식에 따라 탑업 Top-up카드, 트래블 travel카드로 나눌 수 있다. 오이스터 카드 하나로 버스, 지하철, 수상버스, TFL 레일, 내셔널 레일 등 런던의 웬만한 대중교통을 이용할 수 있다.

★ 영국 교통 정보
www.tfl.gov.uk

오이스터 탑업 카드
카드 구입 시 보증금 7파운드와 원하는 금액을 충전해서 사용하는 카드

★ 오이스터 카드 구입, 충전 및 사용 방법

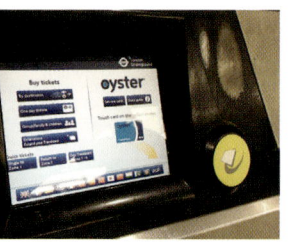

오이스터 카드 자동판매기

오이스터 탑업 카드의 장점은 1일 최대 8.1파운드(1.2존 기준)를 넘지 않는다는 것이다. 1회 지하철 요금이 대략 2.8파운드(카드 사용 시)인데 하루에 3번을 사용할 경우 8.4(=2.8x3)파운드가 아니라 8.1파운드로 동결이 된다. 그 이후에 사용하는 금액은 계속 차감되지 않는다. 결국 하루 최대 8.1파운드만 사용되기 때문에 하루에 여러 곳을 다니는 여행자들에게 경제적이다(오이스터 카드 없이 1회용 티켓을 구입하면 6.7파운드라는 엄청난 금액을 지불해야 함). 만 10세 이하 무료, 만 11~15세는 반값이다.

* **피크** peak **시간대**
  월~금 06:30~09:30 / 16:00~19:00(출근 시간과 퇴근 시간)
* **오프 피크** off peak **시간대** 출·퇴근 시간을 제외한 시간

카드 구입은 오이스터 팻말이 붙어 있는 편의점 혹은 지하철역 창구나 자동판매기에서 보증금 5파운드를 내고 구입할 수 있다. 카드 보증금과 10파운드 이하 잔액은 자동판매기에서 환불이 가능하고, 10파운드 이상의 잔액은 창구에서 직원을 통해 환불이 가능하다.

카드 충전 Top-up은 직원을 통하거나 자동판매기를 통해 충전할 수 있다. 충전 방법은 자동판매기 화면 오른쪽에 있는 노란색 카드리더기에 카드를 갖다 대면 스크린에 남아 있는 금액이 확인된다. 원하는 금액을 누르고 신용카드나 현금으로 결제를 한 후 자신의 카드를 한번 더 카드리더기에 갖다 대면 충전이 완료된다.
7일, 30일 정액권의 경우 자동판매기에서 충전이 되지 않을 땐 직원이 있는 창구를 이용한다.
카드 충전은 지하철역에서만 가능하므로 버스를 타는 사람들은 미리 충전을 하는 것이 좋다.

오이스터 카드 사용 방법은 간단하다. 지정된 단말기에 카드를 찍고 교통편에 탑승하면 끝. 한국과 달리 버스는 탈 때만 찍으면 된다. 나머지 교통수단은 탈 때와 내릴 때 한 번씩 찍는다.

Tip

런던 장기체류자들을 위한 꿀팁!

오이스터 카드를 1일, 7일권 등으로 선택해 충전할 수 있다. 이 경우 여행자를 위해 별도로 나온 트래블 카드와 달리 일반 오이스터 카드를 사용하되 장기권으로 사용하는 방식이다. 선택한 기간과 존(1~6존) 안에서 무제한으로 사용할 수 있지만 정해진 존을 벗어나면 추가요금이 발생하기 때문에 오이스터 카드 안에 여분의 금액을 충전해놓으면 좋다. 선불제이며 존 별로 1일권, 7일권, 1개월권, 1년권으로 나뉜다.

런던에서 일주일 이상 체류하고 매일 카드를 3번 이상 사용하는 사람들에게는 오이스터 카드 7일권을 추천한다.

- 오이스터 카드의 하루 최대 사용량 8.4 x 일주일(7일) = 58.5(1,2존)
- 오이스터 카드 7일권 = 40.70파운드(1,2존)
- 오이스터 카드 1개월권 = 156.30파운드(1,2존)

특히, 무제한 카드로 충전해놓으면 카드 단말기에 잘못 찍어서 발생하는 벌금이나 예상치 못한 상황들이 생기지 않아 마음이 편하다. 마지막 주의 경우 집 근처에서 보내거나 대중교통을 타는 횟수가 줄기 때문에 필요한 만큼만 충전해서 사용하면 교통비를 절약할 수 있다.

04
트래블 카드 구입하고 2 for 1 혜택 받기

2명 이상 정기 교통권을 구입한 여행자가 5일 이상 여행을 하고 런던의 유료 관광지를 많이 다닐 예정이라면 트래블 카드를 추천한다.

★ 트래블 카드란?
내셔널 레일에서 발행하는 여행자용 카드로 오이스터 카드와 동일한 기능을 가진 교통 티켓이다. 정해진 구간 zone 내의 대중교통을 무제한 탑승할 수 있다. 또한 트래블 카드를 소지한 사람들에 한해, 유명 관광지 방문 시 한 명은 무료로 입장할 수 있는 혜택이 주어진다.

★ 트래블 카드 구입과 사용 방법
런던 내 기차역(빅토리아, 패딩턴, 킹스크로스, 워터루, 리버플 등) 안의 창구에서 구입 가능하다 (지하철 역내에선 구입 불가능).

준비물 증명사진 (사이즈 3x4)
사용 방법 지하철 탑승 시 입구 기계에 삽입. 버스 탑승 시 운전사에게 카드를 보여준다.

Tip

2 for 1 혜택 100% 누리기

◆ **2 for 1 혜택을 받을 수 있는 명소** 런던 아이, 런던 탑, 마담 토르소, 런던 동물원, 세인트 폴 대성당, 레고랜드, 타워 브리지, 과학 박물관 내 유료 시설 등이다 (기간에 따라 혜택 장소가 조금씩 달라지므로 미리 홈페이지를 꼭 확인할 것).

◆ **2 for 1 혜택 이용하는 방법** 트래블 카드를 발급할 때 기차역에 비치되어 있는 가이드북 뒷면의 바우처를 챙긴다. 명소에 갈 때마다 이를 기입해서 보여주면 할인을 받을 수 있다. 아니면, 2 for 1 홈페이지에서 원하는 명소의 바우처를 미리 프린트해서 가는 방법도 있다. 바우처를 프린트할 때 기입하게 되는 날짜와 지정 기차역은 바우처에 표시되지 않기 때문에 아무 날짜와 장소를 지정해도 상관이 없다.

◆ **주의사항** 한 사람이 무료 혜택을 받기 위해선 두 사람 모두 철도청 마크가 찍힌 트래블 카드를 소지하고 있어야 한다. 만약에 교통 카드가 필요 없는 만 10세 이하의 어린이와 여행을 하더라도 2 for 1 혜택을 받기 위해선 어린이도 반값 정기 교통권을 구입해야 한다.

◆ **요금** 7일권 (1, 2존) 어른 40.7파운드, 청소년 (11~15세) 반값

◆ **2 for 1 홈페이지** www.daysoutguide.co.uk

  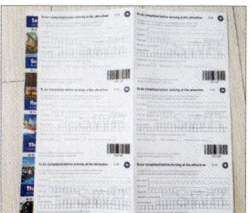

트래블카드   2 for 1 웹버전 바우처   2 for 1 바우처

★ 런던 근교를 기차로 여행하는 가족들을 위한 특별한 교통티켓!

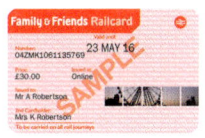

패밀리 & 프렌드 카드

장기 여행 중 옥스퍼드, 윈저, 브라이튼, 케임브리지, 배스 등 런던 근교를 2곳 이상 여행하는 가족이라면 패밀리 & 프렌드 레일 카드 (Family & Friend Railcard)를 추천한다.

장점 2 for 1 혜택은 물론 성인 티켓은 약 30%, 어린이 티켓은 60% 할인 혜택이 적용된다. 사람이 많을수록 할인 혜택이 높으며 성인과 5~15세 어린이 각각 4명까지 할인 혜택을 받을 수 있다.
예시 런던 빅토리아 기차역에서 옥스퍼드까지 성인 1명, 어린이 1명이 기차로 여행을 할 경우, 일반 왕복 요금은 30파운드 선이지만, 패밀리 & 프렌드 레일 카드를 적용하면 총 15파운드만 지불하면 된다.
가입비 30파운드 (1년 유효)
가입 방법 런던 내의 모든 기차역에서 발급이 가능하며 별도의 증명사진은 필요 없다.
관련 사이트 www.familyandfriends-railcard.co.uk

05
핸드폰 유심칩 구입하기

현지 유심 구매 대행사가 늘어남에 따라 한국에서 출발하기 전에 유심칩을 구입하는 것이 기본이 되었다. 1주 단기 여행이라면 유심칩을 미리 구입해서 시간을 절약하는 것이 현명하다. 2주 이상 장기 여행을 하거나 데이터를 많이 사용하는 여행자라면 무제한 데이터를 제공하는 쓰리 Three 통신사의 무제한 요금제를 추천한다.

무제한 요금제는 35파운드를 내면 30일 동안 전화, 문자, 데이터를 무제한으로 사용할 수 있는 요금제다. 또한 기간 내에 유럽을 포함한 71개 국가에서 추가 비용 없이 전화와 데이터를 사용할 수 있다. 다른 옵션보다 여행자들에게 무제한 데이터는 아주 매력적일 수밖에 없다. 길을 찾을 때나 장거리 이동 시 버스 안에서 지루해 하는 아이에게 동영상을 보여줄 때도 매우 유용하다.

★ 영국 핸드폰 가게에서 자주 보게 되는 문구

- 선불제 요금 Pay-As-You-Go
- 후불제 요금 Pay Monthly
- 충전하다 Top-Up
- 무제한 데이터 Unlimited Data 혹은 All you can eat

★ 쓰리 통신사의 무제한 요금제 가입하는 방법

구글 지도에서 'Three store near me'를 입력하면 내 위치에서 가장 가까운 쓰리 매장을 찾아준다. 매장에 방문한 후 언리미티드 프리페이 유심칩 Unlimited prepay sim card을 사러 왔다고 말한다. 보통 신용카드로 결제할 경우 여권(신분증)을 요구하지만 현금으로 결제하면 특별한 신분증을 요구하지 않는다. 핸드폰 개통 시간은 10분이 채 걸리지 않을 만큼 짧고 간단하다.

쓰리 무제한 요금제

06 여행 시 응급상황 대처 요령

아이들과 함께 여행을 하다 보면 예기치 않은 일이 생기게 마련이다. 갑자기 아플 수도 있고, 갑자기 다칠 수도 있다. 상상하기 싫겠지만 부득이하게 런던에서 급히 병원을 가야 한다면 어떻게 해야 할까? 가장 먼저 할 일은 핸드폰으로 'walk in centre near me' 혹은 'government hospital'을 검색하는 것이다. 국가에서 운영하는 병원(NHS) National Health Service의 워크인 센터 Walk in Centre나 응급실(A&E) Accident & Emergency을 이용할 수 있다.

워크인 센터는 응급실에 갈 만큼 심각하지는 않지만 예약을 하지 않았을 경우 방문할 수 있는 곳이다. 치료비는 전액 무료이지만 큰 치료나 입원을 해야 할 경우에는 비용이 발생할 수 있다. 또한 노약자, 증상이 심한 사람들 우선으로 진찰이 진행되기 때문에 1~2시간의 대기 시간은 각오하고 가는 것이 좋다.

★ Q1
병원 진료 시 영어로 의사소통이 힘들다면?

워크인 센터

★ Q2
지갑을 통째로 잃어버렸다면?

영국의 NHS 병원에는 대부분 'Support Service'라는 부서를 운영한다. 이곳에서 의사소통이 어려운 외국인을 위한 통역 서비스를 제공해준다. 누구나 이용할 수 있는 권리가 있는 서비스이므로 당당하게 신청해도 된다. 담당 부서에 가서 'Could you arrange a Korean interpreter for me?'라고 물어보면 끝!

영국 내 긴급전화

999 한국의 119와 같은 번호, 각종 긴급상황과 화재, 환자 이송을 담당

111 NHS에서 제공하는 의료 서비스. 일반적인 의료 상황이나 전문적인 의료 지식을 가진 사람과 상담이 필요할 때 이용하는 서비스. 심각한 상황이 아닐 땐 999가 아닌, 111로 전화를 하는 것이 더 빠르다.

긴급 송금서비스

현금과 신용카드를 모두 도난당했을 경우 한국에 있는 지인이 외교부 계좌로 입금하면 현지 대사관에서 여행자에게 긴급 경비를 현지화로 전달해주는 서비스. 일 인당 지원 한도는 1회, 최대 3,000달러(미화 기준)이다.

주 영국 대한민국 대사관

대사관 전화 +44 20 7227 5500
주소 60 Buckingham Gate, Westminster, London
홈페이지 overseas.mofa.go.kr/gb-ko/index.do

07 동네 도서관, 슈퍼마켓 알아두기

한 달이라는 시간은 길다면 길고 짧다면 짧은 시간이다. 그러나 장기여행에서는 단기여행자처럼 런던을 최대한 많이 경험하기 위해 아침부터 저녁까지 런던 시내를 누비고 다닐 필요가 없다. 어떤 날은 숙소에서 늦잠을 잘 수도 있고 어떤 날은 집 근처를 어슬렁거릴 수도 있다. 또 어떤 날은 집 근처의 공원이나 도서관에서 시간을 보낼 수도 있다. 이 모든 것이 그동안 내가 하던 일상의 연속일지라도 이곳은 런던이다. 그렇기 때문에 특별하고, 별일 아닌 것이 별일이 될 수 있다. 한 달간 머물 집을 구했다면 첫 날 혹은 둘째 날에는 집 근처에 어떤 마트가 있고 집과 버스정류장, 전철역의 거리가 어느 정도 되는지, 집 근처 도서관은 어디에 있는지 느긋하게 살펴볼 필요가 있다.

★ 집 근처 도서관 찾아보기

서울에 25개의 자치구가 있듯이 런던의 행정구역은 시티 오브 런던 City of London과 32개의 런던 특별구 London Boroughs로 나뉜다. 런던 특별구에는 자체적으로 운영하는 지역 도서관이 있고, 도서관마다 자체적인 프로그램을 진행한다.

일반 여행에서는 꿈도 꾸지 못할 일이지만 한 달간 런던에 머문다면 한두 번 정도는 지역 도서관에 갈 수 있는 여유를 누려봐도 되지 않을까?

지역 도서관을 찾는 방법은 간단하다. 구글 검색창에서 'libraries near me'를 입력하거나 'libraries near 자신의 집 주소'를 입력한다. 런던 도서관은 여름 방학 시즌(7월 말부터 8월 말)마다 아이들을 위한 특별 프로그램을 제공한다. 여름에 런던을 여행한다면 집 근처 도서관에서 제공하는 어른, 어린이 프로그램도 참여해보자. 특별한 비용 없이 참여할 수 있는 프로그램이 꽤 많다.

★ 집 근처 슈퍼마켓 찾아보기

런던은 외식비가 비싼 도시이지만 식자재비는 싼 편이다. 외식은 하루 한 끼를 넘기지 않고 공원에 가는 날은 도시락을 싸거나 슈퍼마켓에서 파는 샌드위치나 조리음식을 이용하면 전체적인 생활비를 절약할 수 있다.

장기간 런던에 거주해야 하기 때문에 집 근처 슈퍼마켓을 알아두는 것은 매우 중요하다. 런던은 고급형부터 저가형까지 세분화된 20여 개의 체인형 슈퍼마켓 브랜드들이 있다. 그중 대표적인 중저가 슈퍼마켓으로는 세인즈버리 Sainsbury's, 테스코 Tesco, 모리슨 Morrisons, 코-오퍼레이티브 푸드 The Co-operative Food 등이 있고 이보다 조금 더 고

1. 세인즈버리 2. 윌코 3. 부츠

가 브랜드에는 막스 앤 스펜서 Marks & Spencer와 웨이트로즈 Waitrose, 홀 푸드 Whole Foods 등이 있다.

❶ 슈퍼마켓 개장 시간은 매장마다 다르지만 일반적으로 오전 8시부터 밤 9~11시까지이며 일요일은 저녁 6시 무렵이면 대부분 문을 닫는다. 슈퍼마켓마다 주중 세일품목이 다르기 때문에 한 곳만 가기보다는 한두 곳 다니면서 가격을 비교해보는 게 좋다.

❷ 가정에 필요한 각종 생필품(화장품, 주방용품, 욕실용품, 세제, 이불, 그릇)을 저렴하게 구입하고 싶다면 윌코 Wilko를 추천한다. 한국의 다이소와 비슷한 느낌. 영국 브랜드로 생필품을 저렴하게 구입할 수 있다.

❸ 영국의 대표적인 드러그 스토어인 부츠 Boots는 한국의 올리브영과 같은 곳으로 처방전 없이 구입할 수 있는 약을 포함해 다양한 화장품을 판매하는 곳이다.

특히 부츠 자체 브랜드인 No.7의 화장품 라인이 유명하다. 그중에서 프로텍트 & 퍼펙트 뷰티 세럼은 2007년 BBC의 과학 프로그램인 '호라이즌'에서 모든 명품 화장품을 제치고 기능성 제품에서 1위를 했을 만큼 성능을 인정받은 제품이다.

❹ 집 근처 슈퍼마켓을 찾는 방법도 간단하다. 구글 검색창에 'groceries near me' 혹은 'groceries near + 집주소'를 입력한다.

Tip

슈퍼마켓 이용 시 꿀팁!

슈퍼마켓 장을 볼 때는 오전보다는 폐장 전 저녁시간을 추천한다. 이때 상품을 정리하면서 유통기간이 얼마 남지 않은 제품들을 30% 혹은 50%까지 할인해서 파는 경우가 많다. 특히 코-오퍼레이티브 푸드 Co-operative Food와 막스 앤 스펜서 Marks & Spencer는 매일 자체적으로 빵을 구워서 판매하는데 폐장 한 시간 전후에는 그날의 빵을 반값 할인해서 판매한다. 특히 막스 앤 스펜서의 제빵류는 꼭 한 번 먹어보기 바란다. 마켓에서 사는 빵도 이렇게 맛있을 수 있다는 것을 몸소 보여주는 마켓 제빵의 최고봉이라고나 할까?

08 슈퍼마켓에서 살 만한 식품

런던에 왔다면 이곳 사람들의 음식을 직접 해먹는 것도 여행의 또 다른 재미! 슈퍼마켓에서 재료를 구입해서 쉽게 해먹을 수 있는 식품부터 아이 간식용으로 좋은 간단 식품까지 소개한다.

베트남식 쌀
일명 '롱 그레인 라이스 long grain rice'로 불리는 베트남식 쌀, 압력밥솥이 없어도 냄비로 밥을 지어먹을 수 있다. 한국 쌀처럼 찰진 느낌은 없지만 밥을 주식으로 하는 가족들에게 추천. 런던의 모든 마켓에서 쉽고 싸게 구입할 수 있다.

마켓 팬케이크
팬케이크 가루로 직접 만들 수 있지만 간편하게 만들어진 팬케이크를 즐길 수 있다. 모든 마켓에서 판매한다.

테스코 브레드스틱
아이들 간식용으로 좋은 제품. 큰 봉투 안에 6개의 작은 봉투가 들어 있어 휴대하기 편리하다.

이노센트 스무디
아이들을 위한 주스. 한 통에 네 개씩 들어 있다. 100% 과일로 만들어 가격이 다소 비싸지만 세일 기간에 사면 반값에 구입할 수 있다.

M&S 일회용 드립 커피
특별한 드립 커피기가 없이 집에서 드립 커피를 즐길 수 있다. 한 박스에 10개의 플라스틱 드립 통과 커피가 들어 있어 간편하게 마실 수 있다.

위타빅스 씨리얼 Weetabix
한국 사람들도 해외구매를 통해 먹는다는 씨리얼. 비스킷처럼 생긴 씨리얼을 우유에 넣어서 아침식사 대용으로 먹는다. 여러 종류 중에서 초코맛이 가장 맛있다.

베트남식 쌀

마켓 팬케이크

이노센트 스무디

M&S 일회용 드립 커피

테스코 브레드스틱

위타빅스 씨리얼

블루드래곤 일회용 소스
고기와 야채에 소스만 넣어서 볶으면 끝나는 초간단 요리! 다양한 브랜드 중 블루드래곤에서 나오는 소스들이 한국인 입맛에 맞다. 그중 오이스터 & 스프링 오니언 소스를 추천한다.

라이스 케이크
한국의 쌀과자와 비슷한 제품이다. 쌀과자 위에 초코, 딸기, 요거트 시럽이 발려져 있어 아이들 간식으로도 좋다. 외출 시 챙겨가기에 좋은 제품이다.

참치
영국 마켓에서도 다양한 참치캔을 판매한다. 한국에서 먹는 캔 참치와 거의 유사하며 특정 브랜드나 마켓 브랜드나 품질 차이는 거의 없다. 저렴한 것을 선택하면 된다.

벨비타 비스킷 Belvita
식사대용 비스킷. 다양한 곡물과 과일이 섞여 있는 비스킷으로 종류가 매우 다양하다. 아침식사로 먹어도 되고 외출 시 아이들 간식용으로 챙겨가기 좋은 제품이다.

누텔라 과자
누텔라 잼을 좋아하는 아이들에게 추천. 작은 통안에 누텔라 잼과 찍어 먹을 수 있는 스틱 과자가 들어 있다. 누텔라 잼을 좋아한다면 잼 코너에서 별도의 누텔라를 구입할 것.

샹달프 잼
프랑스 유기농 잼으로 유명한 샹달프 잼. 100% 과일 추출물로 만든 잼이라 더 상큼하고 맛있다.

M&S 화이트소스
까르보나라와 같은 화이트소스를 베이스로 한 파스타를 만들고 싶다면 M&S에서 나온 화이트 소스를 이용하자. 까르보나라 소스와 치즈 소스는 웬만한 레스토랑 화이트 파스타보다 맛있다.

블루드래곤, 레드 & 그린커리 페이스트
영국에 시판되는 커리 페이스트 중에서 가장 한국인 입맛에 맞는 커리이다. 일반 브랜드보다 매운 편이라 아이에게 먹일 땐 주의할 것. 마켓에 파는 코코넛 오일과 닭가슴살, 커리페이스트만 있으면 타이 음식점 커리보다 훨씬 맛난 커리를 직접 만들어 먹을 수 있다.

블루드래곤 일회용 소스

라이스 케이크

누텔라 과자

샹달프 잼

참치

벨비타 비스킷

M&S 화이트소스

레드커리

09 여행에 유용한 앱

스마트폰의 도입은 여행의 모습을 바꾸어놓았다. 커다란 여행 지도를 들고 길을 찾는 사람들 대신, 스마트폰을 들고 지도를 찾는 사람들이 더 많아진 세상이다. 그중에서 가장 유명한 앱은 바로 구글맵. 매우 상세하고 목적지에 갈 수 있는 대중교통까지 한눈에 보여주기 때문에 편리하다. 아이폰이나 안드로이드폰에 기본으로 깔려 있어 별도의 다운로드 없이 사용할 수 있다. 그밖에 런던 여행에서 유용하게 사용할 수 있는 앱을 소개한다.

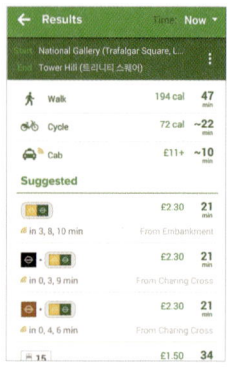

시티매퍼

시티매퍼 Citymapper
구글맵과 비슷한 지도 서비스이지만 시티매퍼에는 택시 옵션이 포함되어 있고 버스, 전철, 택시를 이용할 때 드는 요금이 함께 표기된다. 버스를 탈 경우 버스가 언제 오는지도 알려주고 본인이 타고 가는 버스의 경로도 쉽게 확인할 수 있다. 때때로 구글맵이 알려주는 길보다 더 정확한 길을 안내해줘 시티매퍼를 더 선호하는 사람들도 많다. 택시를 이용할 경우, 대략적인 요금을 확인하기 좋다.

맵스미 MAPS.ME
오프라인에서 길 찾기 서비스를 제공하는 앱이다. 런던으로 출발하기 전에 미리 런던 지도를 핸드폰에 다운받아 놓으면 데이터 없이 지도를 볼 수 있다. 와이파이가 잡히지 않을 때 사용하면 유용하다.

오이스터카드 어플 TfL Oyster and Contactless
런던 교통청(Transport for London, 이하 TfL)의 공식 어플이다. 오이스터카드를 구매하고 어플을 다운받아 연동하면 버스, 지하철을 탄 내역을 모두 확인할 수 있다. 어플을 통해 충전(탑업)도 가능하다. 가끔 오이스터 요금이 잘못 청구될 때 어플을 통해 환불 신청도 받을 수 있다.

오이스터카드 어플

트립어드바이저 TripAdvisor

전 세계적으로 가장 유명한 여행 리뷰사이트. 런던 맛집이나 근처에서 갈 만한 곳을 찾을 때 유용하다. 또한 현 위치에서 갈 수 있는 관광정보, 쇼핑 등 여행에 필요한 모든 것들이 여행자들의 리뷰에 의해 평점이 매겨져 있다.

트리플 Triple

한국인을 위한 트립어드바이저. 깔끔한 UI 디자인과 직관적인 사용 경험으로 2017년 론칭 이후로 급속도로 성장하고 있는 여행앱이다. 여행하는 장소와 가는 날짜 등을 입력해놓으면 필요한 정보들을 그때 그때 맞춰서 제공해준다. 여행자들의 리얼 리뷰를 확인할 수 있고 한국인 취향에 맞는 곳들이 많아서 트립어드바이저 앱과 비교하면서 맛집을 고를 때 유용하다.

그루폰 Groupon

쇼핑, 레스토랑, 뷰티, 공연 등 다양한 상품의 할인 쿠폰을 받을 수 있는 곳. 합리적인 가격으로 에프터눈 티를 즐길 수 있는 쿠폰을 눈 여겨 보길 바란다. 그루폰과 비슷한 기능을 가진 앱으로는 리빙소셜 living social 앱이 있다.

비지트런던 VisitLondon

런던의 공식 여행 가이드 앱. 그 달에 실시간으로 이루어지는 이벤트를 확인하기 좋다. 다양한 프로모션과 무료 관람, 필수 관광지 등이 잘 정리되어 있다.

파파고와 구글 번역기

영어로 번역이 필요할 때 유용하게 사용할 수 있는 번역기 앱이나 영어사전 앱은 미리미리 다운받아 놓는 게 좋다. 꼭 필요한 순간이 온다.

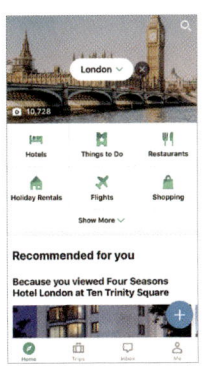
트립어드바이저

트리플

그루폰

비지트런던

10 런던 소매치기 예방하기

다른 유럽에 비해 상대적으로 안전한 도시임에도 불구하고 관광객들이 많은 곳에는 언제나 소매치기나 사기꾼들이 있기 마련이다. 최근 2~3년간 런던에서 빈번하게 일어나는 소매치기&사기꾼 유형을 파악하고 있으면 조금이라도 예방할 수 있지 않을까? 아이도 챙겨야 하고 짐도 많다보면 아차 하는 순간 당할 수 있다. 금전적 손해는 말할 것도 없고 여행의 기분을 망치기 십상. 미리 대비하고 조심 또 조심하는 게 최선이다.

장소	범죄유형	내용
빅벤, 런던 아이 다리 근처	사기꾼	얼굴에 하얀 분장을 했거나 슈렉 캐릭터 등 코스튬을 입은 사람들을 조심하자. 먼저 사진을 찍어주겠다고 호의를 보이거나 같이 사진 찍고 싶다고 다가오면 무조건 피하자. 사진을 찍은 후 1인당 최소 10파운드 이상의 돈을 요구한다.
길거리	오토바이 날치기	길거리에서 핸드폰을 보면서 지도를 검색할 때 날치기를 조심하자. 특별히 늦은 시간엔 더 주의를 요한다.
포토벨로 마켓 및 마켓 안	소매치기	포토벨로 마켓은 소매치기가 가장 많은 장소 중 하나. 가방은 항상 잘 챙기고 모르는 사람이 물건을 집어달라고 부탁할 때도 경계할 것. 길거리뿐만 아니라 일반 매장 안에서도 소매치기가 일어나는 경우가 있으니 조심할 것.
버킹엄 궁전	소매치기	근위병 교대식이 있는 시간은 사람들이 가장 붐비는 시간. 수많은 인파 속에 소매치기들도 있으니 각별히 주의할 것.
세인트 폴 대성당 근처 씨티은행 인출기	소매치기	씨티은행 ATM에서 돈을 찾으려고 할 때 조심하자. 아랍계 남자들이 기계가 고장 났다며 선의를 베풀려고 할 때가 있다. 소매치기 수법 중의 하나이므로 신속히 그 자리를 피해야 한다.
스타벅스, 맥도널드, 버거킹 등 글로벌 체인점	소매치기	글로벌 체인점들은 실내에서도 소매치기가 성행한다. 절대 핸드폰을 테이블 위에 올려놓으면 안 된다. 어디선가 집시들이 와서 시선을 분산시킨 후 테이블 위에 놓인 핸드폰이나 지갑을 가져가는 일이 빈번하니, 각별히 유념하자.
코벤트 가든, 쉑쉑버거 앞 환전소	소매치기	코벤트 가든 내의 쉑쉑버거 근처에 있는 환전소에서도 소매치기가 자주 일어난다.
피카딜리 서커스 근처	소매치기	런던에서 가장 인파가 많은 곳 중 하나이다. 사람들이 많은 만큼 개인 소지품을 잘 간수하자.

11 영어 울렁증 극복하기

한국 사람들은 실수에 민감한 편이다. 여행지에서도 완벽한 영어를 해야 한다는 강박관념 때문에 영어에 대한 막연한 두려움을 많이 가진다. 하지만 막상 여행을 하다보면 영어를 쓸 일이 그다지 많지 않다. 필수적인 상황에 필요한 문장만 숙지한다면 영어에 대한 부담감을 덜 수 있다. 영어에 좀 더 편하게 다가가기 위해 기억해두면 좋은 것들을 정리해보자.

★ 일상생활에서 사용하는 영어는 짧고 간결할수록 좋다

한국말로 생각하면 쉽다. 평상시 극존칭을 쓰기보다는 최소한의 단어를 사용하자. '실례합니다, 광화문에 가는 방법을 알려주실 수 있을까요?' 대신 '죄송한데, 광화문이 어디예요?'라고 묻는 것이 자연스럽고 편하다. 영어도 마찬가지다. 거창한 문장 대신 짧은 문장을 사용하고 *excuse me, sorry, thank you, please, pardon*을 적극적으로 사용하자.

★ 문장을 만들기 힘들 때는 명사 뒤에 플리즈만 붙여줘도 문장 완성!

중요한 의미 전달은 명사를 통해 이루어지기 때문에 문장 만드는 것이 힘들다면 핵심 명사를 기억하자. 가령 커피를 주문하고 싶을 때 *'Can I have a café latte?'* 대신 *'café latte please'*라고 짧게 말해도 종업원은 쉽게 이해한다. 식당에서도 원하는 음식을 말하고 뒤에 플리즈만 붙이면 끝!

★ 영어가 모국어가 아니라는 사실은 인정하자

남의 나라 말을 못하는 것은 당연하다. 한국에서는 부끄러울 수 있어도 영국에서는 더 당당해질 수 있다. 왜냐면 영어는 남의 나라 말이기 때문이다. 내가 못한다는 것을 인정해야 영어에 대한 울렁증이 줄어든다. 상대방의 말을 잘 못 알아들었을 때는 *'Pardon? Please speak slowly.'* 정도로 간단히 말하면 된다. 하고 싶은 말이 있는데 잘 모를 때는 부끄러워하지 말고 구글 번역기의 도움을 받거나 종이에 써서 대략적인 의미 전달을 할 수 있다.

★ 영어 사이트에서 가족 프로그램 찾기

영국 미술관과 박물관 사이트들은 디자인은 다르지만 포맷은 거의 비슷하다. 가족 프로그램이나 어린이 워크숍의 경우, 메인 홈페이지 상단에 주요 키워드가 나열되어 있고 '왓츠 온 What's on'과 '런 Learn'에서 대부분의 정보를 찾을 수 있다. '왓츠 온 What's on'은 미술관&박물관에서 현재 진행하고 있는 모든 전시와 이벤트 정보를 알려준다. 어린이 프로그램뿐만 아니라 현재 진행 중인 전시에 관한 정보를 한눈에 파악할 수 있다.

'런 Learn'이나 '러닝 Learning'은 교육에 관한 정보를 제공한다. 아이들부터 어른들에 이르기까지 나이에 따른 교육프로그램을 '교육'이란 카테고리로 묶어 정리한다.

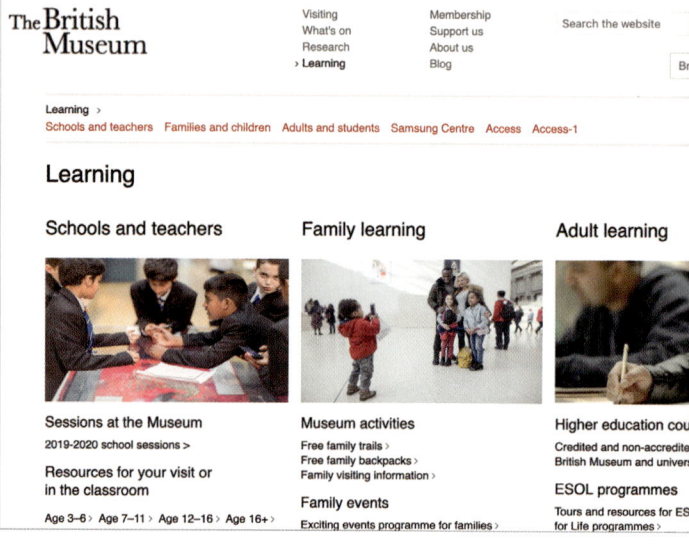

영국 박물관 홈페이지의 경우, 홈페이지 상단의 '러닝 Learning'을 클릭하면 아래쪽 'Family learning'에 'Museum activities'란 이름으로 무료로 즐길 수 있는 다양한 이벤트들이 잘 정리되어 있다.
* 홈페이지 상단의 '왓츠 온 What's on'을 클릭하면 현재 진행하고 있는 상설 전시와 무료 이벤트들을 한 눈에 확인해 볼 수 있다.

★어린이 프로그램을 찾는 데 유용한 키워드

홈페이지나 구글 검색창에서 어린이 프로그램을 찾는 데 유용한 키워드는 'family with london', 'kids with london', 'family activities in london', 'free kids activities in london', 'free tour in london' 등이다.

★ 미술관 & 박물관에서
패밀리 워크숍 찾아가기

워크숍에 참석하기 위해 미술관 & 박물관에 갔다면 가장 먼저 인포메이션 데스크를 방문하자. 정확한 정보를 알고 있더라도 프로그램이 변경되거나 취소될 수도 있기 때문에 일단 인포메이션 데스크에 방문하는 것이 좋다.
데스크 앞에는 어린이들을 위한 추가 프로그램 정보나 교육용 지도 등이 구비된 경우도 있으니 잘 살펴보자. 영어에 익숙하지 않더라도 데스크에 있는 스태프들은 이미 도울 준비를 하고 있는 사람들이니 그 사람들을 적극적으로 이용하자.

★ 알아두면 유용한
영국식 표현

한국은 주로 미국식 영어를 배우기 때문에 영국에서 사용되는 단어와 다른 경우가 있다. 일상에서 쉽게 볼 수 있는 단어들을 기억해두자.

	영국식	미국식
엘리베이터	lift	elevator
화장실	toilet	restroom
바지	trousers	pants
속옷 팬티	pants (영국에선 팬츠가 속옷의 뜻)	underwear
스웨터	jumper	sweater
운동화	trainers	running shoes
지하철	tube (또는 underground)	subway
시외버스	coach	intercity bus
여행용 짐	luggage	baggage
1층	ground floor	first floor
2층	first floor	second floor
사탕	sweets	candy
편도/왕복 티켓	single ticket/ return ticket	one way ticket/ round trip ticket
계산서	bill	check
날짜 쓰는 방법 (예, 2023년 7월 10일)	일, 월, 년도 순으로 (10/07/2023)	월, 일, 년도 순으로 (07/10/2023)

★ 꼭 필요한 생활 영어

쇼핑 센터

이 물건을 환불하고 싶습니다.
I'd like to get a refund (on this item).

이 물건을 다른 것으로 교환하고 싶습니다.
I'd like to exchange this item for another.

어린이 코너를 찾고 있어요.
I'm looking for the kid's section.

신용카드로 계산할 수 있어요?
Can I pay by credit card?

카페나 레스토랑

스몰 사이즈 라떼 한잔 주세요. (테이크아웃)
Can I get a small size latte to take away?

라지 사이즈 모카 한잔 주세요. (매장에서 직접 마실 때)
Can I get large size mocha for here?

얼마나 기다려야 되요?
How long will it take?

이 집에서 가장 유명한 메뉴는 뭐예요?
What are the most popular dishes (on the menu)?

남은 음식을 가져가고 싶을 때
Can I have a doggy bag?

계산서 좀 주세요
Can I have the bill please?

미술관 · 박물관 등에서

가족 워크숍 장소가 어디인가요?
Could you show me where the family workshop is?

오늘 가족 이벤트가 있나요?
Is there any family event today?

어린이 액티비티 지도가 있나요?
Do you have any kid's activity map?

여기서 사진을 찍어도 되나요?
Can I take a picture here?

사진 좀 찍어주실래요?
Would you mind taking a photo of us?

예약을 확인하고 싶습니다.
I'd like to confirm my booking.

기타 상황

(쓰리 통신사에서) 무제한 유심칩을 사고 싶어요.
I'd like to buy an unlimited-prepay-sim-card.

(지하철에서) 일주일 치 카드 충전해주세요.
Please top-up this card for 7 days.

여기가 지도에서 어디인가요?
Where am I on the map?

도둑이야! Stop thief!

여권을 잃어버렸습니다. I have lost my passport.

PART 3

단기 & 장기여행자를 위한 코스 추천

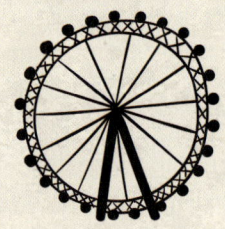

01 2주 여행자를 위한 일정
02 한 달 여행자를 위한 일정
03 반나절 워킹투어
04 비 오는 날, 하루 추천코스
05 금요일 & 토요일 마켓 탐방
06 일요일의 박물관 & 미술관 탐방

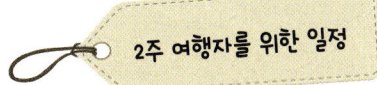
2주 여행자를 위한 일정

1일차가 월요일 기준으로 짜여진 일정이다. 주말은 어린이 프로그램에 참여할 수 있도록 개인 일정을 조정하도록 하자.

1주

- **1일차**: 동네 구경, 필요한 물품 구입, 핸드폰 개통, 버스 여행
- **2일차**: 자연사 박물관, 과학 박물관, 하이드 파크
- **3일차**: 켄싱턴 가든즈, 해롯 백화점(어린이 코너)
- **4일차**: V&A 박물관, 사치 갤러리, 슬론스퀘어 쇼핑가, 피터존스 백화점
- **5일차**: 근위병 교대식, 버킹엄 궁전, 세인트 제임스 파크, 빅벤, 런던 아이, 테이트 브리튼
- **6일차**: 내셔널 갤러리, 국립 초상화 갤러리, M&M 월드, 소호, 포일스 서점
- **7일차**: 영국 박물관, 코람필드 놀이터, 코벤트 가든

2주

- **8일차**: V&A 어린이 박물관, 빅토리아 공원 놀이터
- **9일차**: 캠든 마켓, 리젠트 파크, 마담 토르소 혹은 셜록 홈즈 박물관, 본드 스트리트 쇼핑가
- **10일차**: 테이트 모던, 버러우 마켓, 사우스 뱅크, 주블리 가든 놀이터, 런던 아이
- **11일차**: 뱅크 지역, 세인트 폴 대성당 스카이 가든, 런던 탑, 타워 브리지
- **12일차**: 월레스 콜렉션, 던트 서점 셀프리지 백화점, 리버티 백화점 리젠트 스트리트 쇼핑가
- **13일차**: 포토벨로 마켓, 햄스테드 히스 & 켄우드 하우스
- **14일차**: 왕립 미술협회 어린이 프로그램, 포트넘 앤 메이슨, 해처드 서점, 햄리스 장난감 가게

근위병 교대식    리버티 백화점    해처드 서점

한 달 여행자를 위한 일정

1주

- **1일차**: 런던 도착, 짐 풀기
- **2일차**: 동네 구경, 필요한 물품 구입, 핸드폰 개통, 버스 여행
- **3일차**: 자연사 박물관, 과학 박물관
- **4일차**: 내셔널 갤러리 전시실, M&M 월드, 차이나타운 혹은 소호 식사
- **5일차**: 테이트 모던, 버로우 마켓
- **6일차**: 영국 박물관 어린이 프로그램, 코람필드 놀이터, 코벤트 가든
- **7일차**: 웨스트민스터 애비 미사(무료 입장 가능), 배터씨 파크(카부츠 세일)

2주

- **8일차**: 근위병 교대식, 버킹엄 궁전, 세인트 제임스 파크, 헤이우드 힐 서점, 빅벤, 런던 아이 전경, 코벤트 가든 식사
- **9일차**: 왕립 건축협회, 리젠트 파크, 마담 토르소 혹은 셜록 홈즈 박물관
- **10일차**: 사우스 뱅크, 주블리 가든 놀이터, 런던 아이
- **11일차**: 뱅크 지역(영국 은행 박물관), 스카이 가든, 화이트채플 갤러리, 런던 탑, 타워 브리지
- **12일차**: 월레스 콜렉션, 돈트 서점, 셀프리지 백화점, 리버티 백화점
- **13일차**: 포토벨로 마켓, 햄스테드 히스 & 켄우드 하우스
- **14일차**: 왕립 미술협회 어린이 프로그램, 포트넘 앤 메이슨, 해처드 서점, 햄리스 장난감 가게

빅벤, 국회 의사당 · 런던 아이 · 햄리스 장난감 가게

도착하는 요일에 따라 달라지겠지만 도착 다음날은 동네를 익히고, 대중교통으로 쉽게 찾아갈 수 있는 곳부터 계획하자. 미술관과 박물관의 어린이 프로그램은 주말(특히 일요일)에 집중되어 있으므로 주말 스케줄을 많이 확보하는 게 좋다.

3주

- 15일차: 하이드 파크, 서펜타인 갤러리 & 사커 갤러리
- 16일차: V&A 어린이 박물관, 빅토리아 공원 놀이터
- 17일차: 도크랜드 박물관, 타워 브리지, 런던 탑
- 18일차: 제프리 뮤지엄, 쇼디치 지역
- 19일차: 캠든 마켓, 프림로즈 힐
- 20일차: V&A 박물관, 해롯 백화점(어린이코너)
- 21일차: 교통 박물관, 국립초상화 갤러리 어린이 프로그램, 소호, 포일스 서점

4주

- 22일차: 켄싱턴 가든즈, 다이애나 메모리얼 놀이터
- 23일차: 서머셋 하우스, 코톨드 갤러리, 세인트 폴 대성당, 런던 박물관
- 24일차: 피터존스 백화점, 사치 갤러리, 슬론스퀘어 쇼핑가
- 25일차: 테이트 브리튼, 런던 시내
- 26일차: 하이버리&필드 놀이터, 바비칸 센터
- 27일차: 옥스퍼드 & 피카딜리 서커스, 리젠트 스트리트 쇼핑, 워터스톤 서점
- 28일차: 사우스런던 갤러리 일요 워크숍 혹은 캠든 아트 센터 일요 워크숍

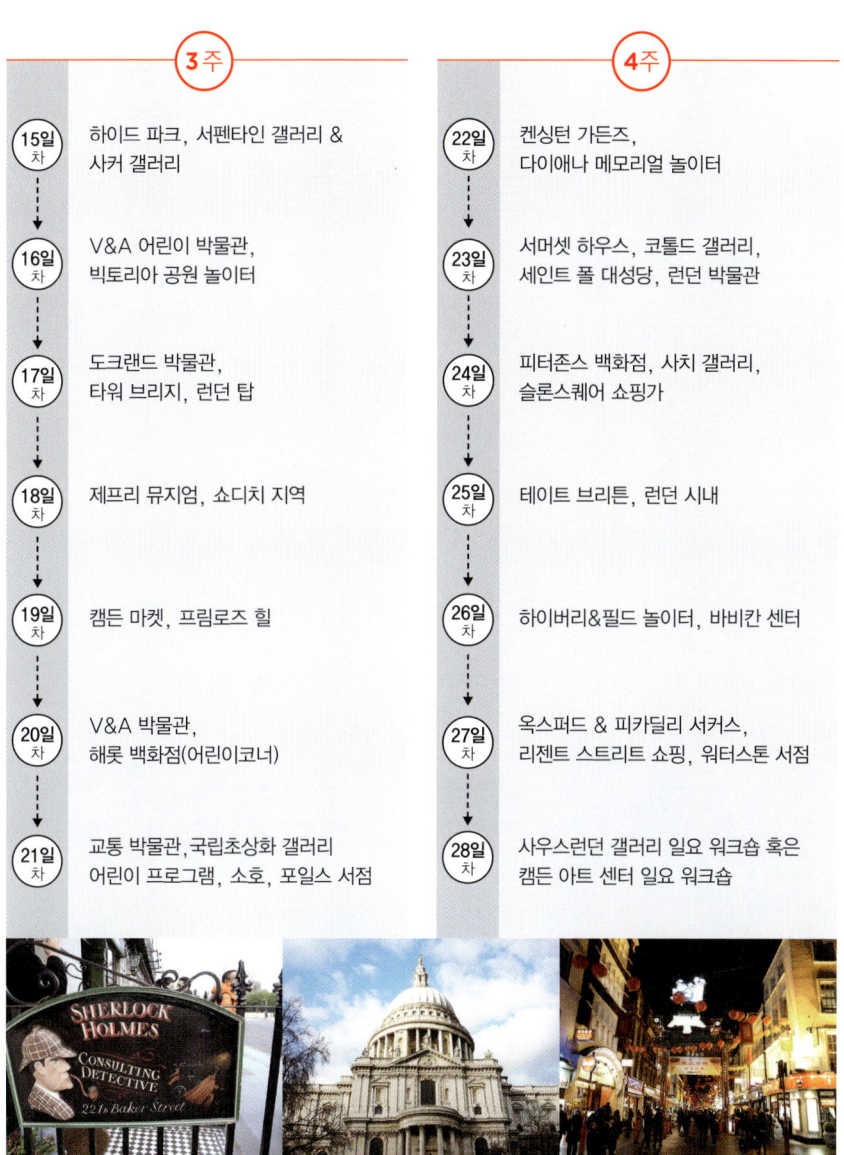

셜록 홈즈 박물관　　세인트 폴 대성당　　차이나타운

반나절 워킹투어 (walking tour)

과거와 현재가 공존하고 있는 런던은 걷는 것만으로도 행복해지는 도시이다. 오랜 세월을 견디고 지금까지 굳건히 자리 잡고 있는 건물과 상점들은 화려하고 아름다운 현대적인 건물과 함께 빛을 발휘한다. 그들이 지켜낸 문화와 예술, 전통은 낡아지지 않고 더 견고해져서 현재의 사람들과 소통하고 있다. 런던의 핵심 장소를 볼 수 있는 워킹투어. 영국 왕실의 발자취를 따라가는 로열투어에서부터 영국 역사에서 중요했던 사건의 일부를 볼 수 있는 올드시티투어, 런던 패션의 중심가인 소호투어를 소개한다. 화창한 날씨를 만끽하며 런던의 매력에 빠지고 싶은 가족들, 짧은 일정으로 여행 온 가족들에게 추천한다. 장기여행 가족들에게도 화창한 날씨를 만끽하며 느긋하게 런던의 매력에 빠지기 좋은 코스가 될 것이다. 시간이 넉넉하지 않은 단기여행 가족들에게는 런던에서 꼭 보고 가야 할 절대 명소를 속성으로 훑어볼 수 있는 필수코스다.

로열투어 Royal Tour

버킹엄 궁전의 근위병 교대식은 오전 11시에 시작한다. 교대식을 본 후, 가장 오래된 왕립공원인 세인트 제임스 파크, 여왕 친위대의 연습 장소인 호스 가즈를 거쳐 영국의 대관식이 열리는 웨스트민스터 사원으로 향한다. 국회의사당과 빅벤, 런던에서 가장 유명한 장소이자 역대 총리들의 관저로 사용되는 다우닝가 10번지도 천천히 둘러보자. 길은 넬슨 제독 기념비가 세워져 있는 런던의 대표적인 광장인 트라팔가 광장까지 이어진다.

tip
❶ 버킹엄 궁전 교대식은 적어도 한 시간 전에 가야 원하는 자리에서 볼 수 있다.
❷ 아이의 컨디션에 따라 근처의 내셔널 갤러리, 국립 초상화 갤러리, 차이나타운, 코벤트 가든, 교통 박물관을 갈 수 있다.

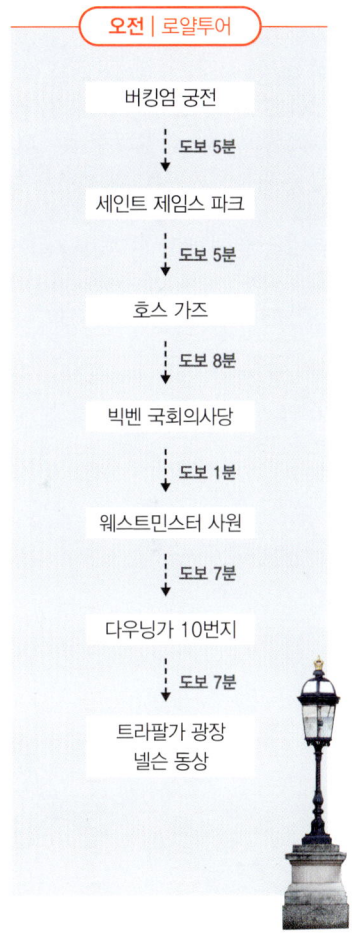

올드시티투어 Old City Tour

올드시티투어는 세인트 폴 대성당에서 시작한다. 세계에서 두 번째로 큰 성당이자 런던의 대표 성당인 세인트 폴 대성당을 출발해 런던 금융가를 거쳐 대화재 기념비로 향한다. 런던 금융의 상징인 잉글랜드 은행은 세계에서 가장 오래된 은행이다. 런던 대화재는 1666년 빵 공장에서 일어난 화재로 당시 런던 인구 8만 명 중 7만여 명이 집을 잃고 노숙자 신세가 되었다. 런던 대화재 이후 목조건물 건축은 금지되고 6년이란 시간을 거쳐 기념비가 세워졌다. 대화재 기념비를 거쳐 900년 역사를 가진 중세의 성채인 런던 탑을 지나, 런던의 랜드마크인 타워 브리지로 향한다. 배가 항행할 때 두 개의 도개교가 열리는 모습은 런던에서 가장 인기 있는 광경 중 하나이다. 로마 시대 때부터 세워진 런던 브리지는 수 차례의 붕괴와 재건을 통해 현재는 평범한 도로교로 전락한 다리다. 실제 다리보다 '런던 다리가 무너지네 London Bridge is falling down'란 민속동요로 사람들의 입에 더 자주 오르내린다. 런던 브리지를 지나면 2000년 밀레니엄을 기념하기 위해 만든 밀레니엄 브리지와 영국의 대표적인 현대 미술관인 테이트 모던이 나온다.

tip
테이트 모던을 관람한 후 아이의 컨디션에 따라 템즈강을 따라 버러우 마켓이나 사우스뱅크 센터로 갈 수 있다.
타워 브리지 도개교가 열리는 시간은 홈페이지를 통해서 확인할 수 있다. 시간적 여유가 있다면 타워 브리지 전망대도 추천한다.

오후 | 올드시티투어

세인트 폴 대성당
↓ 도보 10분
잉글랜드 은행
↓ 도보 7분
대화재 기념비
↓ 도보 7분
런던 탑
↓ 도보 9분
타워 브리지
↓ 도보 13분
런던 브리지
↓ 도보 11분
밀레니엄 브리지
↓ 도보 7분
테이트 모던

🏛 소호투어 Soho Tour

런던의 대표적인 쇼핑 지역이다. 옥스포트 서커스에서 피카딜리 서커스를 이어주는 리젠트 스트리트는 런던의 대표적인 쇼핑 거리. 그 옆으로 소호 Soho가 자리 잡고 있다. 거리상으론 한 시간이면 충분히 걸을 수 있는 곳이지만 발걸음을 멈추게 만드는 상점과 사진 찍고 싶은 장소가 즐비한 곳이라 반나절, 아니 하루를 투자해도 시간 가는 줄 모르는 곳이다. 소호에 위치한 리버티 백화점, 햄리스 장난감처럼 규모가 큰 곳은 비 오는 날로 미뤄두고 소호 구석구석을 구경하며 런던의 숨은 매력을 느껴보자.

tip
이곳은 맛집이 밀집된 곳으로도 유명하다. 전 세계의 음식을 즐길 수 있는 곳이자 20파운드로 랍스터를 즐길 수 있는 버거 앤 랍스터도 입점해 있다. 소호 지역은 게이바 같은 유흥가로 유명한 곳이기 때문에 밤 늦은 시간에 돌아다니는 것은 피하자.

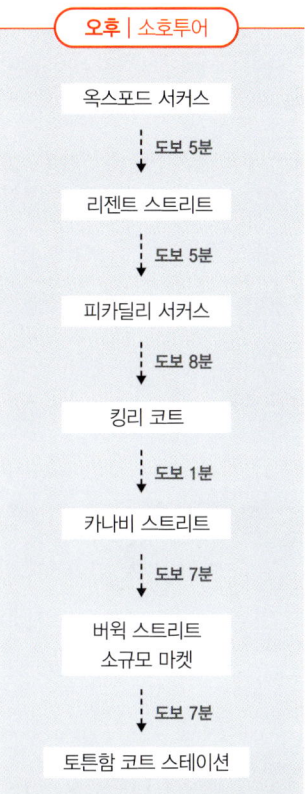

오후 | 소호투어

옥스포드 서커스
↓ 도보 5분
리젠트 스트리트
↓ 도보 5분
피카딜리 서커스
↓ 도보 8분
킹리 코트
↓ 도보 1분
카나비 스트리트
↓ 도보 7분
버윅 스트리트 소규모 마켓
↓ 도보 7분
토튼함 코트 스테이션

킹리 코트 Kingly Court
인사동의 쌈지길을 연상시키는 건축구조이며 3층으로 이루어져 있다. 유명 브랜드가 아닌 작은 디자인숍, 웨딩숍, 악세사리숍, 카페, 레스토랑이 밀집되어 있어 아기자기한 맛이 있다.

버윅 스트리트 마켓 Berwick St. Market
1680년대부터 런던 중심에 자리잡은 마켓으로 1892년부터 공식적인 마켓으로 인정받았다. 당시 이곳은 섬유산업으로 유명했던 골목이기도 하며 20세기 초 런던 패션 시장에 많은 영향을 끼친 곳이기도 하다. 현재는 50개 정도의 작은 매장 수를 가진 소규모 마켓이지만 전 세계 퓨전요리를 맛볼 수 있는 곳이다.

운영시간 월~토 08:00~18:00 (일 휴무)
홈페이지 www.thisissoho.co.uk/the-market

카나비 스트리트 Carnaby St.
아치형의 간판을 통해 골목의 시작을 알려주는 곳. 좁은 골목 안에 즐비한 기념품 가게, 옷 가게, 디자인 가게, 제과점 등으로 눈을 뗄 수가 없는 곳. 건물 하나하나가 예뻐서 사진 찍고 구경만 하는 데도 시간이 꽤 걸린다.

홈페이지 www.carnaby.co.uk

비 오는 날, 하루 추천 코스

시시때때로 비가 오는 런던. 아무리 멋진 장소라도 비가 오는 날 아이를 데리고 관광을 하는 것은 쉽지 않다. 이런 날은 박물관이나 백화점처럼 한 곳에서 다양한 볼거리를 즐길 수 있는 장소를 찾는 것이 좋다. 사우스 켄싱턴 주변과 슬론 스퀘어 지역, 본드 스트리트에서 시작해 리젠트 스트리트로 이어지는 지역은 유명한 박물관과 백화점이 밀집되어 있는 지역이다. 대중교통을 이용할 필요 없이 도보로 움직일 수 있는 하루 코스를 소개한다. 런던의 주요 명소를 둘러볼 수 있는 버스 노선도 알아 두면 좋겠다.

🏛 사우스 켄싱턴 주변과 나이트 브리지 근처

한 곳만 제대로 보더라도 반나절 이상은 걸리는 사우스 켄싱턴의 3대 박물관과 런던의 최대 규모인 해롯 백화점은 도보로 이동할 수 있는 거리에 위치하고 있다. 아이의 컨디션에 따라 박물관만 볼 수도 있고 박물관과 백화점을 함께 구경해도 좋다. 해롯 백화점의 어린이 코너도 잊지 말 것.

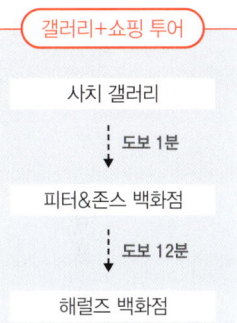

3대 뮤지엄투어
과학 박물관
↓ 도보 1분
자연사 박물관
↓ 도보 3분
V&A 박물관

뮤지엄+쇼핑투어
사우스 켄싱턴 3대 박물관 중 2곳 투어
↓ 도보 10분
해롯 백화점

🏛 사치 갤러리 근처

사치 갤러리가 있는 슬론 스퀘어 지역은 첼시 지역의 대표적인 쇼핑가로 런던의 청담동이라고 불리는 곳이다. 명품 브랜드부터 앤틱 제품에 이르기까지 고급 브랜드들이 밀집해 있다. 슬론 스퀘어를 가로지르는 킹스 로드를 따라 상점과 맛집이 모여 있다. 킹스 로드의 분위기는 클래식하면서도 대중적이다. 비비안 웨스트우드도 이곳에서 소규모 숍으로 시작했다. 사치 갤러리에서 현대미술을 감상한 후 맞은편에 있는 피터 존슨 백화점에서 생활용품을 구경해보자. 런던의 뷰를 한눈에 보고 싶다면 백화점 꼭대기 층의 카페테리아에서 차 한 잔 마셔도 좋겠다.

갤러리+쇼핑 투어
사치 갤러리
↓ 도보 1분
피터&존스 백화점
↓ 도보 12분
해럴즈 백화점

🏛 옥스퍼드 서커스와 피카딜리 서커스 근처

본드 스트리트 전철역에서부터 시작해 옥스퍼드 서커스, 리젠트 스트리트, 피카딜리 서커스 지역은 런던의 대표적인 쇼핑가이며 유명한 백화점이 밀집되어 있다. 웬만한 브랜드는 모두 이곳에 있다고 해도 될 만큼 가장 '핫'한 제품들을 만날 수 있는 장소. 본드 스트리트 전철역 근처의 셀프리지 백화점에서부터 시작해 생활용품이 강세인 존 르위스 백화점, 건물 자체로 유명세를 가지고 있고 각종 인테리어 소품, 패브릭이 유명한 리버티 백화점도 이곳에 자리잡고 있다. 또한 런던의 대표적인 장난감 가게인 햄리스, 넓은 규모의 워터스톤 서점, 200년 이상의 역사를 가진 해처드 서점, 영국의 대표적인 홍차 및 식품 회사인 포트넘 앤 메이슨도 이 근처에 있다. 날씨가 좋은 날은 좋은 대로, 비가 오는 날은 비가 오는 대로 편리하게 쇼핑과 문화 생활을 즐길 수 있는 곳이다.

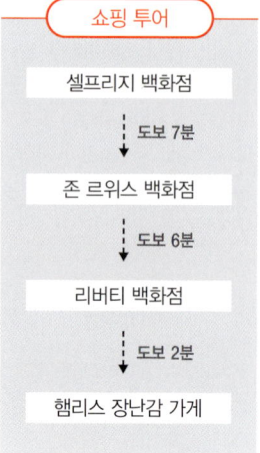

쇼핑 투어

셀프리지 백화점
↓ 도보 7분
존 르위스 백화점
↓ 도보 6분
리버티 백화점
↓ 도보 2분
햄리스 장난감 가게

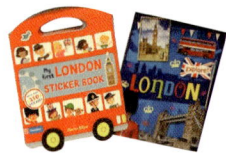

쇼핑+서점 투어

리버티 백화점
↓ 도보 2분
햄리스 장난감 가게
↓ 도보 7분
워터스톤 서점
↓ 도보 2분
해처드 서점
↓ 도보 1분
포트넘 앤 메이슨 백화점

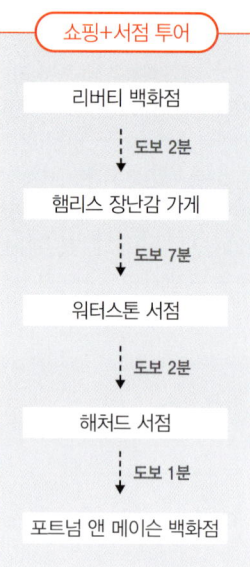

2층 버스 타고 런던 여행하기

비 오는 날의 또 다른 특권이 있으니 바로 2층 버스를 타고 런던 시내 돌아다니기! 런던 버스는 700개 이상의 루트를 가지고 있을 만큼 노선이 잘 발달했다. 비싼 투어버스가 아니더라도 시내버스로도 충분히 런던의 주요 명소를 여행할 수 있다. 유모차가 있는 부모들도 타기 편한 런던 버스! 비가 오는 날이든 맑은 날이든 기본 버스 요금으로 런던의 주요 명소를 편하게 여행할 수 있다.

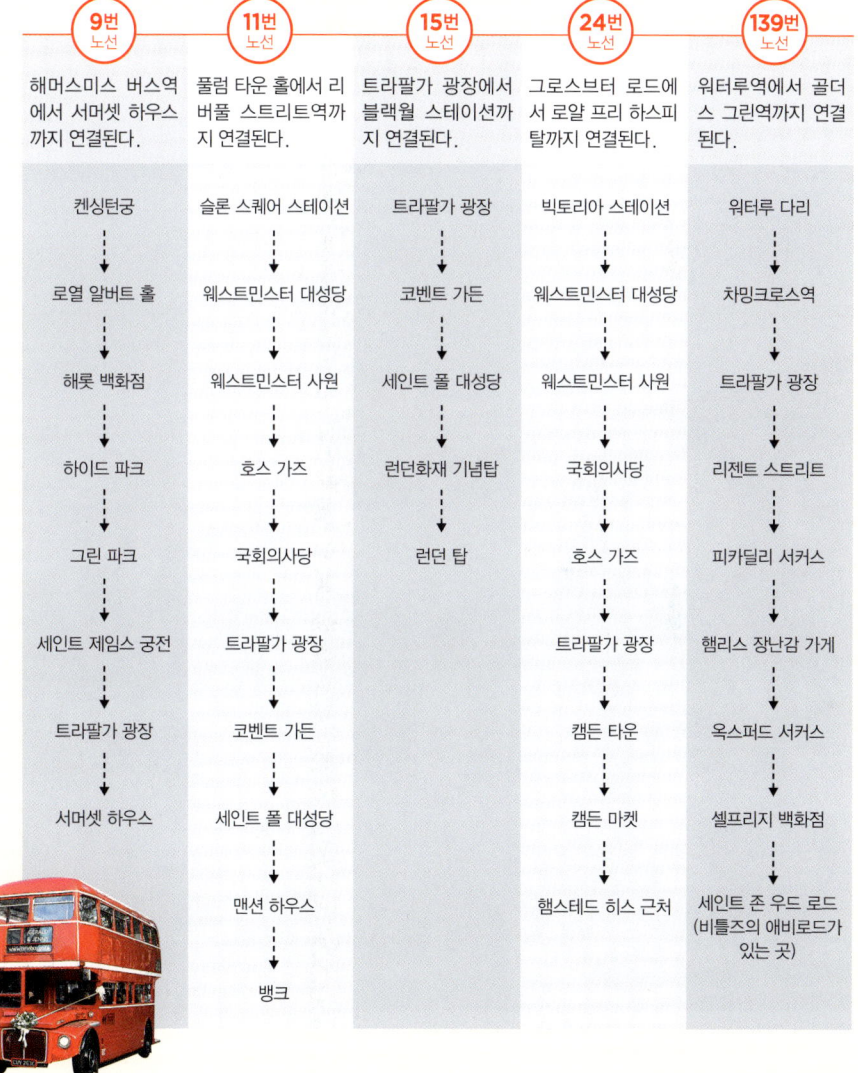

9번 노선
해머스미스 버스역에서 서머셋 하우스까지 연결된다.
- 켄싱턴궁
- 로열 알버트 홀
- 해롯 백화점
- 하이드 파크
- 그린 파크
- 세인트 제임스 궁전
- 트라팔가 광장
- 서머셋 하우스

11번 노선
풀럼 타운 홀에서 리버풀 스트리트역까지 연결된다.
- 슬론 스퀘어 스테이션
- 웨스트민스터 대성당
- 웨스트민스터 사원
- 호스 가즈
- 국회의사당
- 트라팔가 광장
- 코벤트 가든
- 세인트 폴 대성당
- 맨션 하우스
- 뱅크

15번 노선
트라팔가 광장에서 블랙월 스테이션까지 연결된다.
- 트라팔가 광장
- 코벤트 가든
- 세인트 폴 대성당
- 런던화재 기념탑
- 런던 탑

24번 노선
그로스브너 로드에서 로얄 프리 하스피탈까지 연결된다.
- 빅토리아 스테이션
- 웨스트민스터 대성당
- 웨스트민스터 사원
- 국회의사당
- 호스 가즈
- 트라팔가 광장
- 캠든 타운
- 캠든 마켓
- 햄스테드 히스 근처

139번 노선
워터루역에서 골더스 그린역까지 연결된다.
- 워터루 다리
- 차링크로스역
- 트라팔가 광장
- 리젠트 스트리트
- 피카딜리 서커스
- 햄리스 장난감 가게
- 옥스퍼드 서커스
- 셀프리지 백화점
- 세인트 존 우드 로드 (비틀즈의 애비로드가 있는 곳)

금요일&토요일 마켓 탐방

　런던에는 버킹엄 궁전과 웨스트민스터 사원, 켄싱턴 궁전, 세인트 폴 대성당 등 영국 왕실의 역사와 함께 현대를 살아가는 건물들이 즐비하다. 이러한 명소들을 통해 수백 년의 시간을 견뎌온 영국 왕실의 과거와 현재를 발견했다면, 이번엔 평범한 런더너들의 삶을 들여다보자. 런던 곳곳에 분포한 마켓에서는 런던 시민들의 실제 삶을 생생하게 느껴볼 수 있다. 오래된 이야기와 물건들이 즐비한 재래시장부터 고기, 과일, 채소 등 런던 시민들의 식자재를 책임지는 마켓, 동대문 시장처럼 신인 디자이너들의 톡톡 튀는 감각을 볼 수 있는 편집숍이 모여 있는 마켓, 전 세계의 신기한 제품을 한데 모아놓고 판매하는 마켓 등 다양한 특징을 가지고 있는 마켓들이 많다. 주말로 갈수록 규모가 커지는 곳이 많기 때문에 금요일과 토요일을 이용한 마켓 탐방은 매우 흥미진진한 코스가 될 것이다.

캠든 마켓

런던의 2대 마켓으로 불리며 전 세계 다양한 제품을 만날 수 있는 곳이다. 캠든 타운 Camden Town 전철역에서 나오면 한국의 동대문 시장처럼 패션에서부터 액세서리, 소품, 기념품, 엔틱 가구 등 다양한 제품이 즐비하다. 캠든 타운에서 가장 먼저 눈길을 끄는 것은 상점들의 입체 간판들이다. 신발 가게에는 신발이, 청바지 가게에는 청바지가 상점 벽면을 크게 장식하고 있다. 알록달록한 상점 건물들과 입체 간판을 구경하는 것도 쏠쏠한 재미를 가져다준다. 캠든 타운 안의 6개 지역에는 성격이 조금씩 다른 마켓이 밀집되어 있다. 캠든 락 빌리지는 패션, 액세서리 위주, 캠든 락 마켓은 패션, 액세서리, 디자인제품, 음식을 판매한다. 캠든 스테이블 마켓에서는 빈티지 제품, 앤티크 가구, 수집품 등을 판매한다. 각 마켓을 꼼꼼히 둘러본다면 하루가 부족할지도 모른다. 캠든 마켓에서 반나절을 보낸 후 런던의 자연을 느끼고 싶다면 북쪽에 있는 프림 로즈 힐이나 리젠트 파크를 이용할 수 있다.

tip
홈페이지 www.camdenmarket.com
운영시간 월~일 10:00~20:00

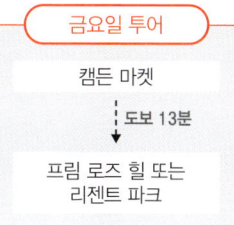

금요일 투어

캠든 마켓
↓ 도보 13분
프림 로즈 힐 또는 리젠트 파크

버로우 마켓

테이트 모던에서 시간을 보낸 후 셰익스피어 글로브 극장을 지나 버로우 마켓으로 향한다. 이곳은 현지인들이 즐겨 찾는 로컬 시장이다. 각종 채소, 과일, 해산물, 케이크, 빵, 쿠키 등 다양한 음식을 비롯해 공예용품도 판매한다. 관광객보다는 현지인들이 많이 방문하는 곳이다. 마켓을 다 구경한 후 템즈강을 따라 동쪽으로 걷다 보면 타워 브리지를 만날 수 있다.

tip
홈페이지 www.boroughmarket.org.uk
운영시간 화~금 10:00~17:00, 토 08:00~17:00, 일, 월 휴무

금요일 투어
테이트 모던
↓ 도보 2분
셰익스피어 글로브 극장
↓ 도보 8분
버로우 마켓
↓ 도보 15분
타워 브리지

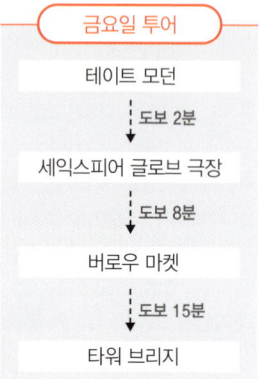

포토벨로 마켓

영화 〈노팅 힐〉 이후 유명세를 톡톡히 치르고 있는 포토벨로 마켓은 런던의 유명한 앤티크 시장이다. 날씨가 화창한 주말, 포토벨로 마켓에서 반나절을 보낸 후 버스를 타고 켄싱턴 가든으로 향한다. 오전은 엄마를 위한 시간이었다면 오후는 아이를 위해 다이애나 메모리얼 놀이터에서 시간을 보내보자.

tip
❶ 주말의 포토벨로 마켓은 매우 혼잡하므로 소매치기를 조심하자.
❷ 앤티크 마켓은 토요일에만 열리며 관광객을 피해 양질의 앤티크 제품을 쇼핑하고 싶다면 토요일 오전 9시 이전에 방문해야 한다.
❸ 자세한 정보는 홈페이지(www.portobelloroad.co.uk) 참고.

토요일 투어
포토벨로 마켓
↓ 버스 20분
켄싱턴 가든즈
↓ 도보 3분
다이애나 메모리얼 놀이터

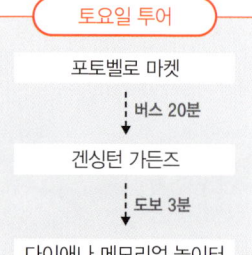

코벤트 가든 근처

대영 박물관에서 주말 어린이 워크숍에 참석하고 박물관을 둘러본 후 코벤트 가든으로 향한다. 코벤트 가든은 런던 중심가에 위치한 대형 프라자로 다양한 마켓을 구경할 수 있다. 수제품과 디자인 제품을 보고 싶다면 애플 마켓으로, 어린이 옷과 공예품, 액세서리 등을 보고 싶다면 콜로나드 마켓으로, 각종 선물용품을 보고 싶다면 쥬빌리 마켓으로 가보자. 마켓뿐만 아니라 맛집을 비롯해 길거리 공연도 쉽게 볼 수 있는 곳이라 심심할 틈이 없다. 코벤트 가든 입구에 위치한 교통 박물관도 아이들의 흥미를 유발시킬 수 있는 전시물들이 가득하다.

tip
❶ 최근 코벤트 가든에도 소매치기가 성행하고 있다. 사람이 붐비는 곳은 항상 조심할 것.
❷ 코벤트 가든 안에는 유니온잭, 쉑쉑버거, 벨고, 락 앤 솔 플레이스, 몬머스 커피 등 유명 맛집이 밀집해 있다.

토요일 투어

대영 박물관
어린이 워크숍
↓ 도보 12분
코벤트 가든
(애플 마켓,
콜로나드 마켓,
주빌리 마켓)
↓ 도보 2~3분
교통 박물관

일요일의 문화 예술 탐방

무료로 참여할 수 있던 미술관과 박물관의 가족 프로그램이 코로나 팬데믹 이후 많이 축소되거나 유료, 온라인으로 전환되었다. 그럼에도 런던 미술관 & 박물관은 가족들을 위해 주말에 드랍인(drop-in)으로 즐길 수 있는 프로그램을 조금씩 늘려 나가고 있다. 또한 런던의 문화 센터 주변에는 상설 행사들이 수시로 열린다. 박물관이나 미술관 주변에 둘러볼 수 있는 장소도 미리 알아두면 실속 있고 효율적인 여행을 할 수 있다.

🏛 사우스 뱅크 센터

최종 목적지는 사우스 뱅크 센터지만 여행의 시작은 웨스트민스터 사원이다. 고딕양식의 성공회 성당인 이곳에서는 영국 왕의 대관식 등 왕실 행사를 거행하거나 매장터로 이용하는 곳이다. 평일에는 입장료를 지불하고 들어가야 하지만 일요일 미사에 참여한다면 별도의 티켓이 필요 없다. 웨스트민스터에서 도보로 런던아이와 빅벤을 관람한 후 최종 목적지인 사우스 뱅크 센터로 향한다. 근처에 있는 주빌리 가든 놀이터도 잊지 말자.

일요일 투어
웨스트민스터 사원 미사
↓ 도보 4분
런던 아이 & 빅벤
↓ 도보 9분
주빌리 가든 놀이터
↓ 도보 4분
사우스뱅크 센터

tip 내셔널 트래블카드 소지자라면 런던아이 티켓을 2 for 1으로 즐길 수 있다. 관련내용 p38 참고

🏛 어린이 박물관

2023년 7월 이후 여행자라면 새롭게 단장한 어린이 박물관(Young V&A)을 기억하기 바란다. 박물관은 200억 이상을 투자해 젊은 세대의 창의성 증진을 위한 전시물로 새롭게 단장했다. 다양한 주말 액티비티를 즐긴 후 근처의 빅토리아 공원으로 향하면 여유로운 런더너의 삶을 만끽할 수 있다.

일요일 투어
어린이 박물관
↓ 전철 14분
빅토리아 공원

🏛 영국 박물관

영국 박물관의 패밀리 프로그램에 참여하고 박물관을 둘러본 후 국립 초상화 갤러리로 향하자. 주말마다 비치되어 있는 어린이 액티비티 자료를 챙겨 갤러리를 감상한다. 아이 체력이 받쳐준다면 레스터 스퀘어 근처에 있는 엠앤엠 월드로 향한다. 저녁은 근처 차이나타운에서 해결할 수 있다.

tip
❶ 셋째 주 일요일이라면 국립 초상화 갤러리의 패밀리 프로그램에 참여할 수 있다.
❷ 여행일정에 여유가 있다면 영국 박물관은 두 번에 걸쳐 관람하는 것이 좋다.
❸ 차이나타운에서 딤섬을 먹고 싶다면 조이 킹 라우, 골든 드래곤, 레옹 레전드 등을 추천한다. 포시즌스도 한국인들 사이에서 유명한 맛집이다.
❹ 내셔널 갤러리와 국립 초상화 갤러리 근처에는 차이나타운뿐만 아니라 코벤트 가든, 소호 지역도 걸어서 갈 수 있다.

일요일 투어
영국 박물관
↓ 버스 15분
내셔널 갤러리
↓ 도보 2분
국립 초상화 갤러리
↓ 도보 2분
레스터 스퀘어
↓ 도보 1분
엠앤엠 월드
↓ 도보 3분
차이나타운

PART 4

아이와 함께 가는 미술관

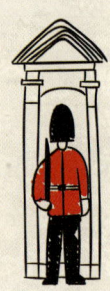

01 테이트 모던 제대로 즐기기
02 세계적인 작품을 한 곳에서, 내셔널 갤러리
03 골판지 하나로 미술 교육 끝! 사우스 런던 갤러리의 일요 워크숍
04 예술을 사랑하는 방법을 배우는 곳, 왕립 미술아카데미의 어린이 워크숍
05 콜라주 지도 들고 미술관 탐방하기, 테이트 브리튼
06 만들기를 통해 나의 새로운 모습을 발견해요, 국립 초상화 갤러리
07 누구에게나 열려 있는 현대미술, 사치 갤러리
08 서펜타인 갤러리의 일요 야외수업
09 작지만 알찬 곳, 서머셋 하우스 옆 코톨드 갤러리

런던의 미술관은 특별하다. 과거와 현재가 공존하는 런던의 모습처럼 미술관의 그림들도 전 시대를 넘나든다. 런던 시민들은 문화와 예술을 영위하는 게 당연한 권리라고 생각한다. 그들에게 세계적인 미술 작품 감상은 일상에서 부담 없이 누릴 수 있는 가깝고 친숙한 예술활동이다. 뿐만 아니라 미술관에서는 아이부터 어른까지 다양한 사람들을 위한 프로그램을 무료로 제공하고 있다. 각 미술관에서 독립적으로 진행하는 어린이 프로그램은 아이들에게 예술을 사랑하고 즐길 수 있는 방법을 가르친다. 어린이를 위한 미술관의 다양한 이벤트 및 프로그램을 소개한다.

테이트 모던 Tate Modern 제대로 즐기기

    테이트 모던은 나탈리 벨 빌딩 Natalie Bell Building과 블라바트닉 빌딩 Blavatnik Building 으로 구성되어 있으며 각각 2~4층에 무료 전시관과 유료 전시관을 운영하고 있다. 2016 년 6월에 오픈한 블라바트닉 빌딩은 억만장자인 레오날드 블라바트닉 Leonard Blavatnik이 새 건물 확장에 큰 돈을 기부하면서 그의 성을 따 건물 이름을 지었다.

    두 개의 건물은 1층과 4층의 구름다리로 이동이 가능하다. 전시관은 연도별이 아닌 4가지 주제 즉, 풍경과 정물, 누드와 역사로 구성되어 있다. 주로 20세기 이후 현대미술에 큰 획을 그은 작가들의 작품이 많다. 한국의 대표적인 현대 작가인 백남준의 작품을 비롯하여 끌로드 모네, 헨리 마티스, 파블로 피카소, 살바도르 달리, 프란시스 베이컨 등 미술 교과서에서 익숙하게 접한 작가들의 작품들도 만나볼 수 있다.

테이트 모던

언제부턴가 런던을 방문하는 한국 여행자들의 필수코스가 된 테이트 모던. 뱅크사이드 발전소를 재건축해 현대미술관으로 활용했다는 사실은 인터넷 사이트를 조금만 검색해봐도 알 수 있다. 현대미술에 조예가 없는 사람들도 이곳을 '필수코스'로 여기는 이유는 무엇일까? 아마도 화력발전소라는, 예술의 영역과는 전혀 상관 없는 장소의 변신이 궁금했을 것이다. 그리고 생각했던 것보다 훨씬 큰 터바인 홀에 압도되었을 것이고. 건물의 용도가 이렇게 멋지게 바뀔 수 있다는 사실에 또 한 번 감탄할 것이다.

테이트 모던은 그곳에 소장된 작품만큼이나 건물 자체가 관객의 마음을 사로잡는 런던의 대표적인 현대미술관이다. 1층의 터바인 홀에서부터 각 층의 높은 천장고와 넓은 실내 공간은 사람들에게 실내에 있지만 실외에 있는 것과 같은 느낌을 주기도 한다. 증축 공사를 거쳐 2016년에 오픈한 블라바트닉 건물 덕분에 테이트 모던은 더 다양하고 풍성한 작품과 즐길거리를 가질 수 있게 되었다.

주소 Bankside, London **홈페이지** www.tate.org.uk/visit/tate-modern
가격 무료 **운영시간** 일~목 10:00~18:00, 금·토요일 10:00~22:00(12월 24일~26일 휴무)
전철 Southwark, Blackfriars, St.Paul's

1. 설치미술 **2.** 인터렉티브 타임라인 **3.** 드로잉 바

각 층에서 즐길 수 있는 어린이 액티비티

드로잉 바Drawing Bar의 두들Doodle

전자펜으로 스크린 모니터에 그림을 그릴 수 있는 곳이라서 아이들뿐만 아니라 어른들에게도 인기 만점인 곳이다. 이곳의 매력 포인트는 바로 자신의 그림을 전송할 수 있다는 것. 스크린에서 그림을 그린 후 전송 수락을 체크하면 곧바로 커다란 벽면에 자신의 그림이 잠시 동안 전시되는 기쁨을 누릴 수 있다. 단순히 그림을 그리는 것을 넘어서 개인의 결과물이 노출되는 것에 사람들은 적지 않은 기쁨을 느낀다. 그림을 그리고, 기다리고, 또 그리기를 반복하다 보면 30분도 짧게 느껴질 것이다.

위치 나탈리 벨 빌딩 Natalie Bell Building 1층 Level 1

현대미술 즐기기

테이트 모던에는 항상 설치 작품이나 영상 작품과 같은 실험적인 작품들을 전시하고 있다. 영상매체 시대에 살고 있는 아이들에게 현대 작품들은 어른들보다 받아들이고 이해하는 속도가 빠르고 때로는 아이들만의 기발한 해석을 내리기도 한다. 딱딱한 그림 감상에 지루해하는 아이들이라면 다양한 소재와 주제를 사용한 현대미술을 체험할 수 있는 기회를 주자.

1. 설치미술 2. 10층 전망대 3. 4층 전망대 4. 6층 레스토랑 5. 클로어 러닝 센터

테이트 모던 전망대

테이트 모던에는 런던 뷰를 즐길 수 있는 전망대가 몇 곳 있는데 그중 가장 높은 곳은 블라바트닉 빌딩 10층에 있는 전망대이다. 건물을 중심으로 360도 뷰를 감상할 수 있어서 런던의 웬만한 유명 건축물을 모두 볼 수 있는 곳이기도 하다. 입장료는 무료이며 전망대 앞에는 간단한 음료를 즐길 수 있는 카페가 구비되어 있다. 런던은 고층 건물이 별로 없어서 3~4층의 높이에서도 멋진 전경을 충분히 감상할 수 있다. 조금 더 가까운 곳에서 밀레니엄 브리지와 세인트 폴 대성당을 감상하고 싶다면 나탈리 벨 빌딩의 4층 테라스를, 커다란 통유리 너머로 런던 시가지를 바라보며 분위기 있게 식사를 하거나 커피를 즐기고 싶다면 나탈리 벨 빌딩의 6층 레스토랑을 추천한다.

클로어 러닝 센터

통 유리로 둘러 쌓인 작은 공간 안에는 각종 미술 서적이 채워져 있다. 얼핏 보기에는 전용 회원을 위한 휴식 공간처럼 보이지만 이곳은 미술관을 찾는 모든 사람들에게 예술 경험을 제공하고 참여할 수 있는 기회를 제공하는 곳이다.

누구나 부담없이 들어와서 센터 내의 책을 볼 수 있고 휴식을 취할 수 있다. 또한 아이들이 작품을 감상하는 데 도움을 줄 수 있는 도구들을 빌려주기도 하고 아이들을 위한 이벤트를 개최하기도 한다. **위치** 터빈 홀 Turbine Hall 0층 Level 0

아이와 함께 즐기는 테이트 모던 "꿀팁"

01. 가족용 지도 구입 또는 무료 액티비티 프로그램

미술관 곳곳에 설치된 지도 부스 코너에는 가족용 지도도 함께 비치해 놓았다. 가족용 지도에는 아이들과 함께 즐길 수 있는 장소나 액티비티 정보가 자세하게 수록되어 있어서 가족 단위 여행자들에게 추천한다. 무료 미술관인 만큼 미술관 지도나 가족용 지도는 자발적으로 1파운드를 내고 구입하자. 한 달에 1~2번 열리는 무료 워크숍 정보는 미술관 홈페이지 상단 검색창에서 'kids workshop'을 입력하면 바로 확인이 가능하다.

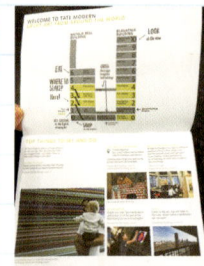  

02. 테이트 모던 광장에서 즐길 수 있는 프로그램

템즈강을 마주보는 자리에 위치한 테이트 모던 광장은 새롭게 떠오르는 런던 젊은이들의 문화 공간이다. 버스킹이나 신기한 분장을 하고 있는 사람들을 쉽게 만날 수 있다. 날씨가 좋다면 미술관 안에만 있지 말고 잠깐 밖으로 나와 주변의 풍경도 감상해보자. 여유가 된다면 템즈강을 산책하거나 강 아래로 내려가보는 것도 좋다.

03. 서점에 있는 어린이 코너도 놓치지 말자

미술관 내에 위치한 서점 한 켠에는 어린이들을 위한 코너가 마련되어 있다. 책의 종류가 많지 않지만 주로 미술과 관련된 책이기 때문에 시중의 서점에서 찾기 힘든 책을 쉽게 구할 수 있다. 또한 테이트 모던에서 발행하는 책도 있으니 눈여겨보길 바란다. 테이트 모던 로고가 새겨진 기념품도 있으니 색다른 기념품을 원한다면 각 갤러리의 이름이 새겨진 소품을 모아보자.

04. 데일리 무료 가이드 투어를 받아보자

매일 3~4차례에 걸쳐 무료 가이드 투어가 진행된다. 투어 시간은 약 45분. 시간에 따라, 큐레이터에 따라 전시작품 해설도 다르다. 어른을 대상으로 하는 투어이기 때문에 저학년 어린이보다는 고학년 이상의 어린이들에게 추천한다. 더 많은 정보는 구글 검색창에서 'tate modern free guided tours and talks' 입력해 확인하자.

테이트 모던에서 주목할 작품 8선

우는 여인 파울로 피카소

이 그림은 전쟁의 비극을 통한 여인의 슬픔을 상징한 작품으로 울고 있는 여인의 얼굴을 입체적으로 분해한 뒤 재조립하는 피카소 특유의 표현법으로 제작되었다. 얼굴과 손을 선명하게 부각시켰고, 눈물의 형태도 사실적이기보다 추상적이며, 흐르는 것이 아니라 튀어나오는 듯이 표현하고 있다. 마치 어린이가 그린 그림처럼 소박하면서도 상징적으로 표현한 피카소의 대표작 중 하나이다.

마릴린 디스패치 앤디 워홀

미술에 관심이 없어도 한 번은 봤을 법한 팝아트계의 상징적인 인물인 앤디 워홀의 작품이다. 마릴린 먼로가 사망한 후 워홀은 몇 달에 걸쳐 이 작품을 제작했다. 왼쪽의 밝은 이미지와 대조적으로 오른쪽은 사망을 암시하는 점진적인 페이드 아웃으로 스타의 동일한 이미지를 반복하여 표현한 것이 특징이다.

나르시스의 변형 살바도르 달리

심리학에 관심이 많았던 초현실주의자 달리는 그리스 신화의 나르시스 이야기를 그림으로 표현하였다. 나르시스는 연못에 비친 자신의 모습을 보고 사랑에 빠지게 되었고, 자신이라고 생각하지 못한 채 손을 대면 자꾸 사라져버리는 물에 비친 자신의 모습을 따라 물속에 들어가 죽음을 맞이 하게 된다. 작품 속에 등장하는 손가락, 계란, 꽃 등 다양한 사물들은 각각 함축적 의미를 지닌다.

와암! 로이 리히텐슈타인

만화를 예술의 경지로 끌어 올린 미국 팝아트의 대표적인 작가이다. 전시관 한쪽 벽을 채우고 있는 작품은 팝아트의 대중적인 면을 느끼게 한다. 싸구려 만화의 한 장면은 특별한 의미가 없는 것처럼 보이지만 이런 황당한 그림을 통해 현실에서 초연할 수 있는 가능성을 보여준 작품이기도 하다. 앤디 워홀과 함께 상업적인 것을 예술적인 것으로 재창조해내는 작가의 식견을 느낄 수 있다.

Still Life with a Beer Mug 페르낭 레제

레제는 프랑스 출신으로 인상파인 마티스와 세잔의 영향을 받아 추상화의 길을 연 인물이다. 기계적인 동적인 미에 관심이 많았고 대상을 단순화시키거나 색채의 대비를 통한 명쾌한 구도로 정물화와 인물화를 많이 남겼다. 테이트 모던에 전시된 작품은 일상 식탁에서 볼 수 있는 요소들과 기하학적인 문양들의 배경이 함께 표현되어 있다.

스윙 바실리 칸딘스키

제목에서 느껴지는 역동성은 작품으로 이어진다. 대표적인 러시아의 추상화가인 칸딘스키는 회화도 음악처럼 추상적인 표현이 가능해야 한다고 믿었다. 작품에서는 기본 조형적인 요소들을 결합하여 추상적인 움직임을 만들어내고 있다.

고양이를 쥐고 있는 소녀 루시안 프로이드

정신분석학자 프로이드의 손자로 잘 알려져 있으며 현대인의 고독감과 상실감, 분열된 자아, 두려움이 뒤엉킨 모습을 담은 초상화나 누드화를 많이 남겼다. 화가의 첫 번째 아내인 키티 가르만을 모델로 한 이 작품은 모델 내년의 감정적 긴장감과 상실감이 커다란 눈동자와 고양이를 쥐고 있는 손을 통해서 여실히 드러난다. 그림 속 주인공이 바라보는 시선의 방향과 고양이가 응시하는 방향이 묘하게 엇갈리면서 화면 속 긴장감을 증폭시키고 있다.

앉아있는 인물 프랜시스 베이컨

20세기에 가장 중요한 화가로 항상 거론이 되는 표현주의 화가 베이컨의 작품이다. 감추고 싶은 인간 내면의 추악한 욕망과 원초적인 감정을 캔버스 위에 표현한 작가로도 잘 알려져 있다. 그래서 아무리 세계적인 거장의 작품이라 할 지라도 그의 작품을 처음으로 대하는 인상은 언제나 불편함을 금치 못한다. 일그러지고 뭉개진 작품 속 인물들의 얼굴은 막막한 현실 앞에서 어쩔 줄 몰라 하는 인간의 처지를 고스란히 반영하는 것 같다. 처음에는 불편한 마음에 작품을 피하게 되지만 길게 여운이 남는 작품이기도 하다.

아이와 함께 가는 미술관 02

세계적인 작품을 한 곳에서,
내셔널 갤러리 National Gallery

내셔널 갤러리 스마트하게 관람하기

　세계 3대 미술관 중에 하나로 작품의 수도 방대하고 사람들도 매우 많다. 미술관에 들어가면 먼저 안내데스크에서 한글판 지도나 오디오 가이드 중 하나를 구입해서 관람을 하는 것을 추천한다. 한글판 지도는 2파운드이며 지도 안에 약 20여 점의 작품이 수록되어 있다. 미술관 공식 사이트에서 영문 지도는 무료로 다운로드가 가능하다.
　오디오 가이드는 어른은 5파운드, 어린이(12세 이하)는 4.5파운드, 어른 2+어린이 2명일 경우 10파운드에 구입이 가능하며 한글을 지원한다. 한글 오디오 투어에는 80개의 핵심 오디오 투어 작품 중 어린이들에게 맞는 작품을 선별해 별도의 팜플렛을 만들어 제공하고 있다. (런던패스 소지자의 경우 무료 대여 가능)

전문 투어가이드와 함께 작품 더 깊이 즐기기

제한된 시간에 핵심 작품들을 알차게 감상하고 싶다면 '마이리얼트립' 여행플랫폼을 통한 유료 미술관 투어도 고려해볼 만 하다. 일인당 투어비용은 3만5천 원~6만 원 정도로 제공업체에 따라 달라진다.

내셔널 갤러리

런던을 여행하는 사람들이라면 필수로 방문하는 내셔널 갤러리. 런던 트라팔가 광장에 있는 국립 미술관으로 1824년에 개관했다. 13세기 중세의 작품부터 시작해 르네상스 시대와 18~20세기 초반의 작품을 두루 전시하고 있는 세계 3대 미술관 중 하나이다. 전시관은 4개로 나누어져 있고 연대순으로 작품을 전시하고 있다. 1991년에 오픈한 세인즈베리 윙 Sainsbury Wing에서는 중세부터 초기 르네상스 시대(1260-1510)의 작품을 만날 수 있다. 얀 반 아이크를 비롯, 레오나르도 다 빈치, 라파엘, 벨리니, 보티첼리 등의 대표작들이 있다. 서관은 르네상스 전성기에서 말기(1510-1600)의 유럽 회화를 전시하고 있으며 티치아노, 브론치노, 한스 홀바인의 작품이 유명하다. 북관은 17세기 이후의 작품(1600-1700)을 주제로 하며 렘브란트, 카라바조, 벨라스케스 등의 작품이 있다. 동관은 18세기 이후의 작품(1700-1900)을 전시하고 있는데, 전시관 중에 가장 유명한 곳은 인상주의 화가의 작품이 전시되어 있는 43~45번 방으로, 모네의 '수련 시리즈'와 고흐의 '해바라기'를 볼 수 있다.

주소 Trafalgar Square, London **홈페이지** www.nationalgallery.org.uk
가격 무료 **운영시간** 월~목, 토·일 10:00~18:00, 금 10:00~21:00(1월 1일, 12월 24일~26일 휴무)
전철 Leicester Square, Piccadilly Circus, Charing Cross, Embankment

아이와 함께 즐기는 내셔널 갤러리 "꿀팁"

1. 모바일 어플로 몰입형 아트 경험하기

〈Keeper of Paintings and the Palette of Perception〉 어플은 런던의 몰입형 경험 에이전시와 내셔널 갤러리, 런던 대학교, 브루넬 디자인 스쿨 등 영국의 다양한 아트 관계자들이 합작해 만든 프로젝트 어플로 스마트 세대의 아이들의 눈높이에 맞춰 제작되었다. 증강현실 기술을 이용한 〈포켓몬고〉 게임처럼 미술 작품을 스마트폰으로 스캔하면 그림지기(Keeper of Painting)가 등장해 다음 미션을 텍스트창을 통해 알려준다. 아이들은 그림지기와 실시간으로 상호작용하면서 작품을 찾아 다니고 관련 이미지를 캡쳐해서 올리거나 필요한 텍스트를 입력하면서 미술관 내의 작품을 자연스럽게 접하게 된다.

무료 어플 다운로드 앱스토어에서 'Keeper of Paintings and the Palette of Perception'를 검색해 다운로드한다.
*참고–언어는 영어만 지원함. 권장 연령 : 만 7~11세

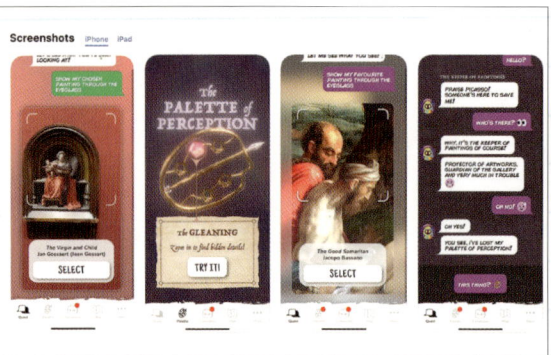

02. 조용한 카페를 찾는다면 짐 보관소 근처의 카페를 방문하자

내셔널 갤러리에는 크고 작은 카페가 있는데 그 중 본관 0층, 게티 출입구로 들어가서 짐 보관소cloakroom 옆에 있는 작은 카페를 추천한다. 이곳은 메인 카페보다 규모가 작아서 유동 인구가 적고 한산하다. 또한 카페 바로 뒤에 짐 보관소와 화장실이 있어서 아이들이 있는 가족들에겐 유용한 휴식처이다.

03. 내셔널 갤러리 주변에서 시간 보내기

갤러리 앞면에 커다란 트라팔가 광장이 있다면 뒷편으로 피카딜리 서커스 지역이 있어서 레스터 광장 Leicester Sq.과 뮤지컬 티켓 할인 공식 매표소인 TKTS, 엠앤엠 월드와 레고숍, 스윗숍 등을 만날 수 있다.

엠앤엠 월드

런던에 오면 한 번씩은 와보게 되는 엠앤엠 월드는 어린이부터 어른까지 동심의 세계로 빠질 수 있는 장소이다. 일반 마트에서는 잘 사 먹지도 않는 초콜릿이 디자인과 마케팅의 힘으로 어떻게 매력적인 변신을 하는지를 보여주는 곳이기도 하다. 정문으로 들어서면 오색 빛깔 찬란한 엠앤엠 캐릭터와 디자인 때문에 찰리의 초콜릿 공장에 온 것 같은 착각이 든다. 런던 매장답게 디자인 콘셉트는 런던을 상징하는 물건들로 가득 차 있다. 귀여운 엠앤엠 캐릭터 상품들이 많아서 기념품을 사기 좋다.

주소 1 Leicester Square, Swiss Ct, London 홈페이지 www.mmsworld.com
운영시간 월~토 10:00~22:00, 일 12:00~18:00

레고숍

엠앤엠 바로 맞은편에 위치한다. 2층으로 구성된 매장 안에는 런던에서만 구입할 수 있는 레고 피규어를 비롯하여 레고를 조립할 수 있는 섹션, 레고로 만든 런던의 상징물들이 많아서 기념 사진을 찍기에도 제격인 곳이다.

주소 3 Swiss Ct, London
홈페이지 lego.com 운영시간 월~토 10:00~22:00, 일 12:00~18:00

영화 캐릭터와 함께 인증샷 찍기

여행 후 남는 것은 사진. 레스터 광장 주변에 흩어져 있는 조각상과 인증샷을 남겨보자. 광장에서 빗자루 위에서 퀴디치를 연주하고 있는 해리포터, 벤치에서 마멀레이드 샌드위치를 먹고 있는 패딩턴, 우산을 들고 하늘로 향하는 메리 포핀스를 발견할 수 있다.

내셔널 갤러리의 대표작 8선

대사들 한스 홀바인 | Room4

실물 크기로 그린 최초의 2인 초상화. 단순한 초상화라기보다는 인물 뒤에 놓여진 다양한 소품들을 통해 당시의 사회, 정치, 역사를 담은 사회 초상화이다. 이 작품에서 주목할 것은 바닥의 모자이크 문양 위, 극단적인 왜상 기법을 사용한 해골이다. 그 어느 것도 죽음을 피할 수 없고, 죽음이 항상 우리 곁에 있음을 인정해야 삶의 진실한 가치를 깨달을 수 있다는 메시지를 담고 있다.

34세의 자화상 렘브란트 | Room24

티치아노의 〈한 남자의 초상〉에 감동을 받아 그린 자화상. 대가의 작품과 견주어 더 나은 평가를 받고 싶었음에도 불구하고 자신의 모습을 있는 그대로 표현하며 냉철한 자아성찰의 모습을 보여준다. 적절한 빛의 명암 표현이 가미되어 있는 얼굴 표정은 그의 성격과 감정, 가치관 등을 짐작할 수 있게 한다.

삼손과 데릴라 페테르 파울 루벤스 | Room29

구약성서에 나오는 유명한 삼손과 데릴라 이야기를 강력하고 관능적으로 해석해놓았다. 가슴을 드러낸 채 삼손을 바라보는 데릴라, 데릴라의 무릎 위에서 잠든 삼손, 그의 머리를 자르는 블레셋 사람, 촛불을 들고 있는 노파, 삼손을 공격하기 위해 문 밖에서 기다리는 블레셋 군인들. 모든 상황 속에서 긴장감이 흐르는 작품으로 루벤스에게 화가로서의 명성을 안겨다 준 작품이다.

해바라기 빈센트 반 고흐 | Room45

내셔널 갤러리의 대표작이자 고흐의 대표작. 고흐에게 노랑은 희망을 의미하며 해바라기는 태양처럼 뜨겁고 열정적인 자신의 감정을 대변하는 매개체다. 고흐 작품의 특징은 사진으로 보는 것보다 훨씬 붓의 터치감이 강하다는 것. 그래서 평면화이면서도 실제로 마주했을 때는 입체화를 보는 것과 같은 착각을 느낄 수 있다.

건초 마차 존 컨스터블 | Room34

영국 낭만주의 풍경화의 대가. 〈건초 마차〉는 1824년 파리 살롱에서 전시되어 큰 반향을 일으킨 작품이다. 당시 주목받지 못하던 풍경화를 서양미술의 한 장르로 인정하게 된 것도 이 작품 이후이다. 컨스터블은 자연에 대한 섬세한 관찰과 밝은 색채로 터너와 더불어 영국의 대표적인 화가로 꼽힌다. 당시 여름 오후의 모습이 실감나게 재현되어 있다.

아르놀피니 부부의 초상 얀 반 에이크 | Room56

얀 반 에이크의 대표작이자 내셔널 갤러리의 대표 작품 중 하나로 작품에 대한 흥미로운 논쟁이 끊이지 않는 작품이다. 유화의 발명 이후, 보다 사실적인 표현을 위해 '원근법'과 '명암법'이 개발되었다. 〈아르놀피니 부부의 초상〉은 이전 기독교적 세계관을 버리고 관찰을 통해 눈앞에 펼쳐진 모습을 재현한 대표작이라 할 수 있다. 세부 묘사에 쓰인 환각법과 빛을 이용한 실내공간의 재현을 통해 인물뿐만 아니라 공간의 묘사까지 완벽하게 재현했다는 평가를 받는다.

암굴의 성모 레오나르도 다 빈치 | Room57

아기예수와 세례 요한의 만남이 그려진 작품. 비슷한 작품이 루브르 박물관에도 소장되어 있으며 내셔널 갤러리의 작품 이후에 그려졌다. 그림의 배경은 암석이 늘어선 동굴 속이지만 어두움 속에서 동굴 입구에만 빛이 비춰지는 스푸마토 기법을 사용하고 있다. 스푸마토는 윤곽선을 그리지 않고 경계를 흐리게 그리는 기법으로 〈모나리자〉에서도 그 기법을 찾아볼 수 있다. 이러한 표현방식을 통해 인물을 생명력 있고 신비한 개체로 표현하였다.

비너스와 마르스
산드로 보티첼리 | Room58

미의 여신 비너스 앞에 전쟁의 신 마르스가 무장을 벗은 채 깊은 잠에 빠져 있다. 이 작품은 사랑의 힘은 폭력과 전쟁을 이긴다는 상징성을 가진다. 보티첼리는 여신의 고전적 자세와 잔주름으로 고전미를 강조했다.

골판지 하나로 미술 교육 끝!
사우스 런던 갤러리 South London Gallery의 일요 워크숍

선데이 스폿은 2010년 6월부터 시작된 어린이 워크숍이다. 만 3세부터 12세 어린이들을 대상으로 약 두 시간에 걸쳐 이루어지며 젊은 아티스트들이 주축이 되어 진행이 된다. 워크숍 주제는 아티스트가 속한 영역(회화, 공예, 조각, 설치미술, 영상미술 등)에 따라 달라진다. 그때 그때 전시 중인 작품감상을 포함해 자신의 작품영역을 확장시켜 아이들의 눈높이에 맞는 테마를 정하는 것이 특징이다.

우리가 갔던 날은 설치작가이자 조각가인 로라 카를레 Laura X Carlé의 주도 아래 워크숍이 진행되었다. 설치작가답게 그녀가 준비한 재료는 큰 세탁기가 들어갈 만한 커다란 상자였다. 로라는 큰 상자를 둥글게 감고 그 위에 다른 상자로 지붕을 만들어 하나의 공간을 만들었다. 그 후 아이들에게 연필을 하나씩 쥐어준 후 원하는 만큼, 원하는 대로 상자에 구멍을 뚫어보라고 했다. 선생님의 이야기가 끝나기 무섭게 아이들은 큰 상자에 우르르 달려들어가서 구멍을 뚫기 시작했다. 그까짓 상자에 구멍 뚫는 활동이 뭐가 그렇게 대단할까 싶었지만 아이들은 너무 신나게 구멍을 뚫었다. 보고 있는 부모들로선 저러다 실수로 다른 아이들을 찌르면 어쩌나 걱정이 들기도 했다. 다행히 특별한 사고는 없었다. 아이들이 뚫은 구멍은 크기도 다양했다. 연필심 크기의 작은 구멍이 있는가 하면 연필을 끝까지 집어넣어 크게 만든 구멍도 있었고 손으로 더 크게 만든 구멍들도 있었다. 구멍이 어느 정도 다 뚫리자 로라는 다 쓴 두루마리 휴지 심과 키친타올 심을 아이들에게 나눠주며 구멍을 통해 상자 내

사우스 런던 갤러리

주로 현대작품을 전시하는 갤러리다. 최근 뜨고 있는 페캄 Peckham 지역에 자리잡고 있다. 흑인 이민자가 많아 갤러리로 가는 버스를 타는 순간 런던이 아닌 색다른 도시에 온 듯한 느낌을 받는다. 하지만 편견은 금물. 갤러리로 들어서는 순간 이 동네만의 독특한 매력에 흠뻑 빠지게 될 것이다.

'사우스 런던 시민들에게 예술을 가져다주기 위해' 1891년에 설립된 사우스 런던 갤러리는 개인 후원자 및 스폰서나 기금 모금 행사를 통해 운영된다. 또 다양한 프로젝트를 진행하는 갤러리로도 유명하다. 미술교육 프로그램으로 상을 받은 이력도 있는 만큼 어린이를 비롯한 청소년, 젊은 그룹을 위한 획기적인 프로젝트를 많이 진행한다.

주소 65-67 Peckham Rd, London **홈페이지** www.southlondongallery.org
가격 무료 **운영시간** 화~일 11:00~18:00, 수 11:00~21:00 (월 휴무) **전철** Denmark Hill

부를 보게 했다. 나중엔 순서대로 상자 집 안에 들어갈 수 있는 영광을 누리게 해주었다. 아이들은 너 나 할 것 없이 상자 안에 들어가고 싶어했다. 아이들에게 필요한 것은 역시 비싼 장난감이 아니라 호기심을 자극해줄 수 있는 단순한 물건과 함께 어울릴 수 있는 친구라는 것을 새삼 깨달을 수 있었다.

몇 번의 경쟁을 뚫고 상자 속에 들어간 아이는 "별들이 나에게 쏟아지는 것 같아! 너무 기분이 좋아."라는 말로 그 공간에 대한 이미지를 표현했다.

그 다음엔 작은 상자들을 아이들에게 나눠준 후 원하는 것을 마음껏 만들 수 있는 시간을 가졌다. 아이는 런던에 온 이후 과학박물관에서 체험했던 로켓워크숍이 인상적이었는지 어느 순간부터 비행기와 로켓에 관심이 많아졌다. 이날 역시 아이는 상자를 이용해 로켓을 만드는 데 여념이 없었다. 다른 아이들 역시 각자 자신이 만들고 싶은 것을 자유롭게 만들며 집중하는 모습을 보였다. 엄마들은 아이들의 작품을 도와줄 수도 있고, 엄마가 만들고 싶은 것을 만들 수도 있다. 넓은 전시 공간 안에서 아이들은 누구의 통제와 제재도 없이 마음껏 만들기를 하고, 종이를 뭉쳐 공놀이를 하고, 마킹테이프를 가지고 벽을 장식했다. 주어진 재료는 아이들에게 무한한 상상력을 제공해주었고 워크숍을 인솔하는 로라 역시 특별한 규율을 내세우지 않은 채 아이들이 원하는 것을 최대한 허용해주었다.

약 두 시간에 걸쳐 진행되는 선데이 스폿은 기대 이상의 수업이다. 우선 매달 작가의 전공에 따라 워크숍의 성격이 달라진다는 사실이 매력적이다. 게다가 설치작가와 함께하는 수업이라 다른 갤러리의 프로그램보다 훨씬 동적이다. 그림을 그리거나 만들기를 하는 것은 정적인 행위라고 생각하기 쉽다. 그러나 이곳의 워크숍은 미술 활동도 충분히 동적일 수 있다는 것을 알게 해준다. 또한 단순한 재료와 행위를 통해 아이들이 역동적으로 자신의 감정을 표출할 수 있는 기쁨을 맛보게 해준다.

01. 어린이 워크숍에 참여한다

매달 마지막 주 일요일 오후(2~4시)에 진행되는 선데이 스폿을 비롯하여 가족이 함께 참여할 수 있는 다양한 워크숍을 개최한다. 젊은 작가들의 기발한 아이디어를 기반으로 동적인 미술 교육이 많은 것이 특징이다.

홈페이지 www.southlondongallery.org/education/children-families

02. 갤러리 카페와 정원에서 느긋한 오후를 즐겨보자

'갤러리보다 카페'라는 말이 어울릴 만큼 사우스 런던 갤러리의 카페는 아름답다. 실내와 실외로 이어지는 카페와 정원의 분위기가 여자들의 발걸음을 멈추게 만든다. 벽돌 건물의 뒤뜰에는 작은 테이블 몇 개와 아름다운 꽃들이 카페를 감싸고 있다. 카페 영업을 위해서라면 정원을 줄여 테이블을 하나라도 더 놔둬야 맞겠지만 야외카페는 카페의 기능보다 정원의 기능에 더 무게를 두고 있는 듯하다. 덕분에 날씨가 좋은 날은 그나마 몇 개 없는 테이블 자리를 맡기가 힘들 만큼 인기가 높다. 야외카페로 이어지는 곳에 있는 정원은 갤러리 내부에 있는 구조라서 아이들이 안심하고 옆에서 뛰어놀 수 있다.

예술을 사랑하는 방법을 배우는 곳,
왕립 미술아카데미 Royal Academy of Arts의 어린이 워크숍

왕립 미술아카데미는 매달 1~2회(7~8월에는 매주) 가족 이벤트를 진행한다. 특별한 이벤트를 제외한 모든 가족 프로그램은 무료이며 정해진 시간에 자유롭게 와서 참여하면 된다.

우리가 참여한 7월 프로그램의 제목은 〈네이처 인투 아트 Nature into Art〉로, 자연에서 쉽게 발견할 수 있는 식물, 꽃, 조개, 돌, 솔방울, 흙 등을 이용해서 미술작품을 만드는 프로그램이었다. 이벤트 장소는 벌링턴 하우스 Burlington House 중앙광장과 건물 안의 전시실. 중앙광장에는 만들기 위주의 프로그램이 진행되고 있었다. 우리는 가장 먼저 찰흙 만들기에 참여했다. 평소에 접하기 힘든 식물의 씨앗, 꽃, 솔방울 재료들이 많아 아이들의 호기심을 자극했다. 아이는 둥근 점토를 평평하게 펼친 후 달팽이 껍질, 돌멩이, 씨앗, 정체를 알 수 없는 식물의 껍질을 다닥다닥 붙였다. 그리고 어디선가 초록색 크레파스를 가져오더니 크레파스를 부셔 점토 위에 뿌려 잔디를 완성시켰다. 자유롭게 가만히 놔두면 아이들의 상상력은 이처럼 무궁무진하다. 아이가 표현하고 싶었던 작품의 제목은 '아일랜드'. 섬 안에 다양한 종류의 나무들이 자라고 풀이 자라는 아일랜드는 꽤 근사했다.

또 다른 곳에서는 특이하게 생긴 조개, 해조류, 수세미 과 식물 등을 현미경으로 관찰하는 이벤트가 진행 중이었다. 한쪽에서는 식물들의 단면을 잘라 그 단면을 현미경으로 관찰하고 식물의 단면을 자른 곳에 물감을 묻혀 스탬프로 그림을 그리거나 식물 위에 얇은 종

왕립 미술아카데미

조지 3세에 의해 1768년에 설립된 왕립 미술아카데미는 240년이 넘는 역사를 가진 영국 미술을 대표하는 미술단체다. 왕립 미술아카데미의 회원 자격을 가진다는 것은 영국 미술인으로서 최고의 영예를 누리는 것과도 같다. 왕립 미술아카데미는 창립부터 현재까지 공공 기간의 자금이 아닌, 엘리트 미술가들 및 건축가들에 의해 운영되어 왔다. 공공 기금에 의존하는 미술관이 갖게 되는 폐해 중 하나가 정치적 환경이나 대중의 압력을 무시하지 못한다는 것. 그러나 왕립 미술아카데미는 독립기관으로 자리잡으면서 순수하게 미술의 독립적 가치와 예술적 이슈들을 자유롭게 표현해 왔다.

왕립 미술아카데미의 〈여름 전시〉

1769년부터 현재까지 매해 열리는 〈여름 전시〉는 뛰어난 미술가들의 작품을 대중적으로 공개하는 자리이다. 영국 시민들 스스로 자부심을 느끼는 전시이며 이를 통한 수익금은 아카데미 미술교육 후원에 사용된다. 미래의 미술가들을 위한 투자이자 무명 미술가들의 데뷔 무대가 되기도 하기 때문에 보수적인 성향의 왕립 아카데미에서 열리는 〈여름 전시〉는 매우 특별하다. 해마다 약 1,200여 점 이상의 작품을 선보이며 이 전시를 통해 미술적 명성과 대중적 명성을 누리는 작가로는 아니쉬 카푸어, 트레이시 에민, 안토니 곰리 등이 있다.

왕립 미술아카데미가 운영하는 미술학교

미술학교는 아카데미 설립 당시부터 중요한 위치를 차지해 왔다. 아카데미 회원으로 이루어진 교수진은 미술학교의 자랑이자 학생들의 자부심이기도 하다. 일반적으로 영국의 대학원 과정이 1년인 데 반해, 이곳은 3년의 미술실기 대학원 과정을 운영한다. 학생들의 수업료는 무료이며, 영국을 비롯한 세계 곳곳의 훌륭한 인재에게 등용문과도 같은 곳이다. 왕립 미술아카데미는 현대미술계의 흐름을 타기보다는 회화, 판화, 조각, 건축 등의 분야에서 실질적인 창작기법과 장인정신을 강조함으로써 여전히 예술가의 손과 창작과정 자체를 중시하는 아카데미의 전통적 철학을 고수하고 있다.

주소 Burlington House, Piccadilly, London **홈페이지** www.royalacademy.org.uk **가격** 무료
운영시간 화~목, 토·일 10:00~18:00, 금 10:00~21:00, 월 휴무
전철 Green Park, Piccadilly Circus **기타** 패밀리 이벤트 매달 두 차례 시행. 홈페이지 참고.

이를 대고 문질러서 식물의 세밀한 잎 모양을 표현하는 이벤트도 있었다.

한참 동안 야외 이벤트에 참여한 후 이번에는 실내 이벤트가 있는 곳으로 향했다. 실내에서 진행된 이벤트는 세밀화 그리기 수업이었다. 다양한 꽃, 식물, 동물의 깃털, 조개류 등을 보고 연필, 색연필, 물감 등의 재료를 사용해 최대한 상세하게 묘사를 하는 수업이었다. 이 수업을 참석하니 드로잉을 강조했던 영국의 유명한 예술비평가였던 존 러스킨이 생각났다. 그의 의견에 따르면 "데생의 목적은 화가가 되는 것과는 별개로 눈 앞에 보이는 사물을 더 자세하게 봄으로써 삶을 더 행복하게 누리기 위함"이라고 주장했다. 전통적인 미술교육에 기반한 왕립 아카데미인 만큼 가족 프로그램에 참여하는 사람들에게도 그들이 추구하는 교육의 단면을 소개한다는 느낌이 들었다. 처음으로 정밀화 수업에 참여했던 터라 우리는 매우 진지하게 수업에 참여할 수 있었다.

왕립 미술아카데미의 가족 프로그램은 다른 미술관의 체험학습과 사뭇 달랐다. 대부분의 미술관 수업 방식은 아이들의 자율적인 사고를 강조하는 데 반해 이곳은 그들이 확립해 온 예술적 가치를 중시하면서 자연이나 주변 사물의 소재를 활용하는 미술교육을 진행하는 듯 했다. 아이들 입장에서는 다양한 수업을 경험할 수 있다는 점에서 나쁘지 않다. 영국의 전통적인 미술교육에 관심 있는 부모라면 아이들과 가족 프로그램에 꼭 참석해보길 바란다.

아이와 함께 즐기는
왕립 미술아카데미
"꿀팁"

01. 매달 열리는 가족 프로그램 참여하기

프로그램에 따라 유료도 있지만 대부분 무료이다. 정해진 시간에 아무 때나 방문해 참여할 수 있는 프로그램이 있는가 하면, 온라인에서 미리 예약을 해야 참여 가능한 무료 프로그램도 있다. 매달 열리는 워크숍을 확인하거나 사이트에 회원가입을 해 정기적으로 이벤트 소식을 받아보자. 영국 최고의 미술학교에서 무료로 제공하는 양질의 프로그램을 경험할 수 있을 것이다.

02. 왕립 아카데미 투어 참여하기

대중들을 위해 다양한 무료 투어를 제공한다. 요일에 따라서 왕립 미술아카데미가 소장한 조각품이나 초상화를 감상하는 투어가 있는가 하면 18세기 건축과 인테리어를 감상할 수 있는 존 마제스키 파인룸을 중심으로 벌링턴 하우스의 역사를 들을 수 있는 투어 등 다양하다. 특별히 존 마제스키 파인 룸 안에는 영국을 대표하는 화가들(컨스터블, 개인스버그, 터너 등)의 회화작품과 18세기의 가구들, 빅토리아 여왕의 화장용구 세트박스, 레오나르도 다 빈치의 <최후의 만찬>의 카피본을 소장하고 있다. 특별한 예약 없이 투어가 시작되기 때문에 10분 전에 모임 장소에서 기다리는 것이 좋다.

투어 날짜 및 시간 일정이 바뀔 수 있으니 홈페이지를 참고할 것
투어 모임 장소 벌링턴 하우스 프론트 홀

03. 여름에 방문하는 사람들이라면 <여름 전시>를 놓치지 말기

해마다 6월부터 8월 중순까지 열리며 뛰어난 신인 작가들의 작품을 대중적으로 공개하는 자리이다. 미술계를 주도할 새로운 작가를 발굴하는 장소이자 영국 시민들의 자부심이 담긴 <여름 전시>는 여름에만 즐길 수 있는 독특한 전시이다.

또한 7월 중순부터 8월 초에는 <영 아티스트 서머 쇼> 전시회가 열린다. 영국 어린이들의 상상력 풍부한 작품을 만나볼 수 있는 기회로 아이와 함께 관람하기 좋다.

04. 놓칠 수 없는 왕립 미술아카데미 주변 시설

벌링턴 아케이드와 명품 거리

왕립 미술아카데미 주변에는 다양한 명품숍이 밀집해 있다. 건물 바로 오른쪽에 있는 벌링턴 아케이드 Burlington Arcade는 1819년에 2층 규모로 완공되었다. 우아한 아치와 유리로 덮인 지붕 아래 상류층이 즐겨 찾는 오랜 역사를 가진 상점들이 입점해 있다. 왕립 미술아카데미를 기준으로 왼쪽 골목은 런던의 명품 거리로 왠만한 명품숍은 이곳에서 모두 만나볼 수 있다.

주소 51 Piccadilly, Mayfair, London
홈페이지 burlingtonarcade.com
운영시간 08:00~19:00, 일 11:00~18:00

해처드 서점

왕립 미술아카데미 맞은편에 위치하며 영국 문학의 역사를 대변하는 서점이다. 5층으로 된 서점을 연결하는 삐걱거리는 목재 계단에서는 해처드 Hatchard 서점에 묻어 있는 세월의 흔적을 고스란히 느낄 수 있다. 서점 곳곳에는 과거가 생생하게 기록된 팻말이나 엘리자베스 여왕을 비롯하여 영국의 역사를 보여주는 진귀한 사진들, 왕실에 책을 배달하던 곳이라는 증거, 목재 간판에 새겨진 영국왕실의 문양까지 만나볼 수 있다. 서점의 3층은 어린이 코너로 이루어져 있으며 창가 아래 놓인 빛바랜 소파에 잠시 앉아서 아이와 함께 책을 읽기도 좋다.

주소 187 Piccadilly, St. James's, London
홈페이지 hatchards.co.uk
운영시간 월~토 09:30~20:00, 일 12:00~18:30

콜라주 지도 들고 미술관 탐방하기,
테이트 브리튼 Tate Britain

　테이트 브리튼에서는 요일에 상관없이 픽업 액티비티에 참여할 수 있다. 매 시즌 별로 영국의 저명한 현대 작가들이 아이들을 위한 액티비티 자료를 디자인한다. 우리가 갔을 때는 영국의 현대 작가인 크리스티나 매키 Christina Mackie의 액티비티 자료가 준비되어 있었다. 크리스티나는 다양한 그래픽 소스와 과학적인 요소를 사용하여 사회적이고 환경적인 변화를 예술로 구현시키는 현대 작가이다.

　그녀가 디자인한 액티비티의 제목은 〈필터 the filters〉. 긴 종이 안에는 다양한 색상이 그라데이션으로 인쇄되어 있고 똑같지만 다른 사이즈의 동그라미, 직사각형 도형이 새겨져 있다. 작가는 아이들에게 색과 빛, 사물의 형태에 따라 그것이 투영해내는 세상이 다르게 보일 수 있다는 것을 설명한다. 액티비티 종이에 그려진 도형은 어떤 바탕색에 있는지에 따라, 도형의 크기가 어떤지에 따라 구멍이 뚫린 도형을 통해 보는 세상이 완전히 달라 보인다. 어두운 파란색 배경의 작은 동그라미로 본 세상은 어둡지만 어두운 색상 때문에 사물에 초점을 맞추기 쉽다. 초록색 바탕에 새겨진 동그라미와 직사각형으로 바라보는 세상은 이전의 모습과 또 달라진다. 분명 같은 곳을 바라보고 있지만 눈으로 인지하는 세상은 전혀 다른 곳이 되는 느낌. 엄마에게도, 아이들에게도 그것은 신기한 체험이다.

　아이에게 세상을 보는, 작품을 보는 새로운 시각을 길러줄 수 있는 특별한 액티비티. 엄마도 함께 즐길 수 있는 활동이라 더 의미가 있다.

테이트 브리튼

템즈강 북쪽의 밀뱅크 지역에 위치한다. 테이트 모던, 테이트 리버풀, 테이트 세인트이브 갤러리와 함께 테이트 네트워크에 속해 있다. 테이트 모던이 전 세계 현대미술을 두루 전시하고 있다면, 테이트 브리튼은 16세기부터 20세기에 이르는 영국 미술의 흐름을 시대순으로 전시하고 있다. 영국이 자랑하는 터너 컬렉션으로부터 라파엘 전파, YB에 이르는 영국 미술의 유산을 한 곳에서 볼 수 있다는 점에서 상당히 역사적인 의의를 가진다.

테이트 브리튼은 1984년부터 매년 젊은 미술가들 중 뛰어난 활동을 한 작가를 선정해 영국 최고 권위의 미술상인 터너상을 시상하고 수상작가 전시회도 주관하고 있다. 터너상을 수상했던 데미언 허스트, 마틴 크리드, 안토니 곰리 등의 미술가들은 현재 영국을 넘어 세계적인 미술가로 활동하고 있다.

주소 Millbank, London **홈페이지** www.tate.org.uk/visit/tate-britain **가격** 무료
운영시간 월~일 10:00~18:00(12월24일~26일 휴무) **전철** Pimlico, Vauxhall, Westminster

또 다른 디자인 액티비티, 〈어디나 선이 있어 Lines are everywhere〉

착한 스태프의 배려로 운 좋게 받아낸 또 다른 디자인 액티비티. 아비개일 헌트Abigail Hunt와 테이트 브리튼의 컬래버레이션으로 완성된 콜라주 액티비티이다. 아비개일 헌트는 선의 해체, 그리고 형태의 변형, 사물의 재구성 단계를 거쳐 기존의 사물이나 이미지를 그녀만의 언어로 재해석하는 현대작가이다. 미술관에 선보인 어린이 액티비티 역시 작가의 작품세계를 일부 반영하고 있다. 그녀는 미술관 내에 전시된 작품 안에서 사용된 다양한 선에 주목했다. 똑같은 선이 작품 안에서 어떻게 다르게 사용되는지를 알려주기 위해 선을 강조한 작품을 위주로 콜라주 작업을 진행하였다. 커다란 종이 안에는 다양한 선(직선, 곡선,

지그재그선, 점과 점을 연결하는 선, 두꺼운 선, 얇은 선 등)을 강조하는 21개의 작품이 종이 양면 가득 콜라주 작업을 통해 재배치되어 있었다.

액티비티 여백에는 아이들이 생각해볼 수 있는 질문을 넣는가 하면 부모를 위한 친절한 해설지도 포함되어 있다. 해설지 안에는 콜라주 안에 들어가 있는 작품을 연대순으로 답안지처럼 배열해놓아 엄마는 해설지를 들고 가이드 역할을 하고 있었다. 아이들은 미션을 수행하고 새로운 것을 경험하는 것을 좋아한다. 그냥 미술관을 관람한다면 기껏해야 유명한 작품 몇 점만 보고 칭얼대는 아이의 성화에 못 이겨 미술관을 빠져 나오기 마련이다. 그러나 이러한 체험활동을 하면 엄마도 아이도 그냥 지나치기 쉬운 작품을 한 번 더 관찰하고 경험을 할 수 있다.

아이와 함께 즐기는 테이트 브리튼 "꿀팁"

01. 인포메이션 데스크에서 어린이 픽업 액티비티 자료 확인하기

갤러리에서는 시즌마다 영국의 현대 작가가 디자인한 픽업 액티비티에 참여할 수 있다. 정해진 요일 없이 미술관이 개장하는 날에는 항상 이용 가능하다. 운이 좋으면 이미 끝난 액티비티 자료를 구할 수 있는데, 이건 스태프에게 직접 물어봐야 한다. 영국 현대 작가들이 참여한, 세상에서 하나밖에 없는 어린이를 위한 미술관 자료인 만큼 관람 전에 꼭 챙기도록 하자. 미술관에서 아이와 어떻게 작품을 감상해야 할지 모르는 엄마들에게 액티비티 자료는 좋은 길잡이 역할을 해준다.

02. 유모차나 무거운 짐이 있을 경우 왼쪽의 맨턴 입구를 이용하자

테이트 브리튼에는 두 개의 정문이 있다. 하나는 갤러리 정면의 계단으로 올라가는 방법이고 다른 하나는 왼쪽으로 돌아가는 입구를 이용하는 방법이다. 유모차나 휠체어 사용자들은 계단이 없는 왼쪽의 맨턴 입구를 이용하도록 하자. 입구에 들어서면 바로 앞에 무료로 짐을 맡길 수 있는 장소도 있으니 필요한 사람들은 이용할 수 있다.

03. 놀이터가 필요한 아이들에게는 갤러리 근처 공원이 답

테이트 브리튼 근처(도보 5분 이내)에 작은 공원이 있는데 그 안에 놀이터가 있다. 아주 크지는 않지만 갖출 것은 다 갖춘 놀이터. 도시락을 싸 왔다면 공원 안 벤치에서 식사를 해도 좋겠다.

04. 미술관 카페에서 차 한잔의 여유를…

갤러리 지하에는 테이트 브리튼 카페가 있다. 자칫 화이트톤의 벽과 천정으로 딱딱하고 차가워 보일 수 있는 공간에 아치형으로 디자인된 내부 설계와 둥근 조명 디자인이 부드럽고 따뜻한 분위기를 연출하고 있다. 공간을 자세히 살펴보면 특별히 화려하지도 건축적으로 견고하지도 않지만 다른 카페에서 느낄 수 없는 클래식함과 우아함이 느껴진다. 미술관 카페이지만 음식 가격대는 일반 카페와 비슷하다. 간단한 샌드위치부터 샐러드, 케이크, 빵 등 가벼운 식사를 판매한다. 가장 저렴한 커피조차 평균 이상의 맛을 자랑하고 있으니 갤러리 카페에서 차 한잔의 여유를 즐기길 바란다.

05. 좋아하는 작품 스케치하기

1940년대 작품이 소장된 전시관에서는 무료로 이젤과 스케치 도구 대여가 가능하다. 약간의 시간을 투자해서 마음에 드는 작품을 스케치하고 마음에 새겨보는 시간을 가져보는 것도 좋겠다.

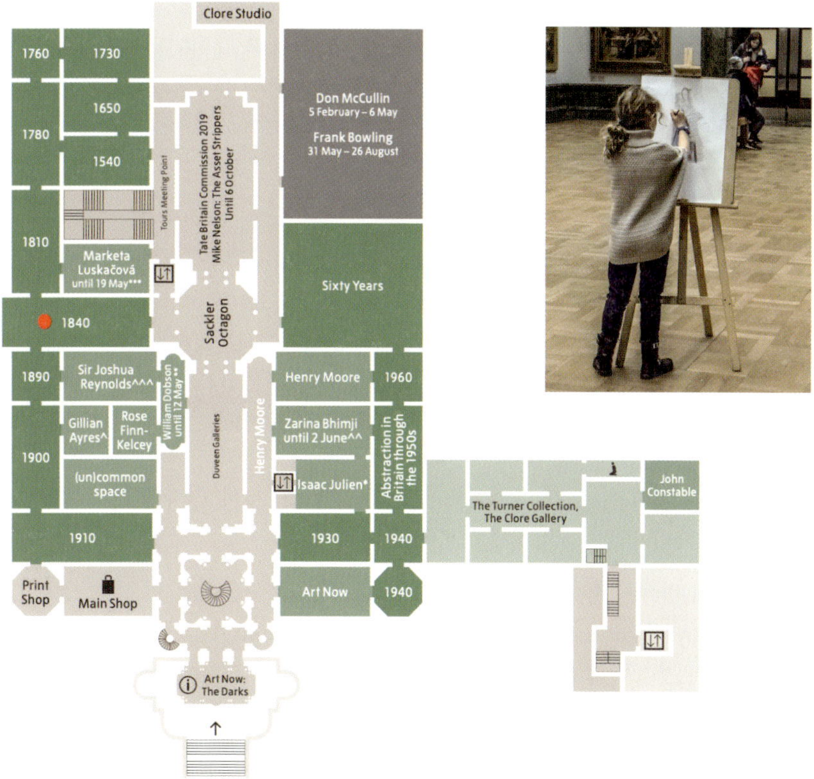

만들기를 통해 나의 새로운 모습을 발견해요,
국립 초상화 갤러리 National Portrait Gallery

국립 초상화 갤러리는 주말과 공휴일, 여름방학 시즌에 가족 프로그램을 진행한다. 대다수 프로그램의 콘셉트는 인물과 관련되어 있으며 내용은 초상화 갤러리에 전시되어 있는 작품을 스케치하는 것에서부터 입체작업을 하는 등 다양하다. 다른 미술관에서의 작품이 내 주변에 있는 자연, 동물, 식물 등을 표현하는 것이었다면, 이곳의 작품은 '나'를 표현하거나 사람을 관찰하는 작업을 주로 하게 된다.

우리가 참여한 워크숍은 〈크리에이티브 커넥션 Creative Connection〉전시회를 감상한 후 아이들의 눈으로 새로운 3D 초상화를 만드는 것이었다. 〈크리에이티브 커넥션 Creative Connection〉은 초상화 갤러리가 2012년부터 2016년까지 계획하고 있는 4년 프로젝트로써 런던에 거주하는 만 14~16세 청소년들이 주축이 되어 만든 프로젝트. 이 전시는 런던 지역사회와 학교가 함께 연계하여 매년 지역 학생들의 개성과 예술적 영감을 초상화로 재현하고 있다. 2013년 전시에는 동쪽의 타워 햄릿 Tower Hamlets에 초점을 맞췄고 2014년에는 서쪽의 일링 Ealing 지역, 2015년에는 북쪽의 캠든 Camden 지역 아이들의 전시가 열렸다.

일요 패밀리 워크숍에 참여한 아이들은 먼저 딱딱한 보드판 위에 스케치를 할 수 있는 흰 종이와 5가지 색이 들어있는 색연필을 받고 전시가 열리고 있는 37번 전시실의 작품을 관람하는 미션을 받는다. 전시실에는 캠든 지역 청소년들이 자신을 표현하기 위해 다양한

국립 초상화 갤러리

세계 최초의 초상화 갤러리. 내셔널 갤러리 뒤편에 위치하고 있다. 내셔널 갤러리의 유명세 때문에 상대적으로 덜 알려진 미술관이지만 과거 영국 왕실의 초상화부터 영국에서 이슈가 되었던 인물들의 초상화 또는 사진을 만나볼 수 있다.

전시실의 순서는 시대순으로 되어 있다. 1~4번 전시실은 튜터 왕조와 엘리자베스 시대의 인물들을, 5~8번 전시실은 스튜어트 왕조와 시민혁명 시대의 인물들을, 9~16번 전시실은 조지안 왕조의 인물들을 전시하고 있다. 30~33번 전시실은 제1차 세계대전부터 1980년대까지의 인물들을, 35~40번 전시실에는 현대인물들을 전시하고 있다. 현대전시실에서 가장 유명 인사는 단연코 케이티 미들턴 왕세자비다. 39번 전시실에 전시되어 있다.

국립 초상화 갤러리는 매년 BP 초상화상을 통해 현대미술 작가들을 발굴하고 있으며 가족 프로그램을 비롯, 성인을 위한 다양한 컨퍼런스, 음악회, 드로잉 워크숍 등을 활발히 진행한다. 갤러리 꼭대기에 위치한 레스토랑은 에프터눈 티와 브런치가 유명한 곳으로 합리적인 가격으로 멋진 분위기와 서비스를 받을 수 있는 곳이기도 하다.

주소 Saint Martin's Place, London **홈페이지** www.npg.org.uk+
가격 무료 **운영시간** 월~수, 토·일 10:00~18:00, 목·금 10:00~21:00(12월 24일~26일 휴무)
전철 Leicester Square, Piccadilly Circus, Charing Cross, Embankment

*2020년부터 내부 공사가 진행 중. 2023년 여름에 재개장 예정

모습의 코스프레를 하고 찍은 사진들이 가득했다. 직업을 유추할 수 있는 옷을 입은 평범한 사진에서부터 스스로가 나무나 꽃이 되어 찍은 사진, 동물이나 좋아하는 음식이 되어 찍은 사진, 개인의 희로애락의 감정이 코스튬으로 표현된 사진 등 다채로운 모습의 사진들이 전시되어 있었다. 전시실은 사진 촬영이 불가능한 곳이기 때문에 아이들은 전시실을 둘러보면서 인상적이었던 작품이나 만들어보고 싶은 작품을 스케치했다.

전시 관람이 끝난 후 다시 워크숍 룸으로 내려와 재료를 선택했다. 소재와 만드는 방식은 자유. 아이는 가장 다루기 쉬운 두꺼운 골판지를 선택했다. 종이 위에 눈을 그리고 최대한 뾰족한 이빨을 그렸다. 더 무서운 얼굴로 보이기 위해 눈썹도 위로 치켜 세운 눈썹을 붙였다. 그 후 엄마의 제안에 따라 빨간색 셀로판지를 종이 위에 덧대어 붙이니 흰 바탕보다 훨씬 으스스한 모습의 마스크가 만들어졌다. 유령 마스크를 후다닥 다 만든 후 아이는 검은색 망사천으로 망토를 만들어 순식간에 모든 작품을 완성시켰다.

작품이 완성되면 스태프는 미리 마련된 사진 촬영실에서 초상화를 찍어줬다. 아이는 작품의 콘셉트에 맞춰 최대한 무섭게 두 팔을 크게 벌려 박쥐처럼 찍었다. 작품을 만드는 것으로 끝나지 않고 사진을 찍고 그 자리에서 사진을 인화하는 과정이 아이에게 가장 큰 흥미를 유발시켰다. 자신이 만든 작품이 어떻게 사진으로 보여지는지를 아이는 일련의 과정을 통해 배울 수 있었고 다른 작품을 만들 때 더 심혈을 기울이거나 다른 시도를 해볼 수 있는 용기를 북돋아주고 있었다.

아이와 함께 즐기는 국립 초상화갤러리 "꿀팁"

01. 가족 프로그램

주말이나 공휴일, 여름 시즌에는 다양한 가족 프로그램을 제공한다. 대부분 편한 시간에 참여할 수 있는 드롭인 drop in 워크숍이라 부담없이 참여할 수 있다. 사진, 애니메이션, 음악 등 다양하고 실험적인 주제를 가지고 프로그램을 진행한다. 초상화 갤러리인 만큼 인물과 관련된 미술 워크숍이 주를 이룬다. 시간대별로 연령이 나눠져 있지만 특별한 제한은 없는 편. 편한 시간에 가서 참여하면 된다.

워크숍 날짜 주말, 공휴일, 여름 방학 시즌 (구체적인 일정은 홈페이지 참고)
워크숍 장소 지하 2층 락커룸 옆 스튜디오

02. 주말에 즐기는 패밀리 액티비티 자료

매주 토요일과 일요일, 공휴일에는 가족을 위한 패밀리 액티비티 자료를 위한 부스를 1층 데스크 옆에 설치해놓는다. 패밀리 부스에는 다양한 색연필과 그림을 완성시킬 수 있는 액티비티 종이들이 마련되어 있다. 액티비티 부스는 오전 11시부터 오후 4시까지 설치된다.

03. 늦은 목요일과 금요일 이벤트

목요일, 금요일은 9시까지 갤러리 오픈 시간이 연장된다. 단순히 개장 시간이 늘어난 것을 넘어서 다양한 이벤트도 제공한다. 과거 역사적인 인물들이 걸려 있는 전시실에서 클래식 음악회가 열린다. 갤러리와 어울릴 것 같지 않은 클럽의 DJ가 와서 음악을 선곡하고 틀어주는 라이브 음악회, 성인들을 위한 드로잉 이벤트 등 다채로운 이벤트를 무료로 즐길 수 있다. 비록 성인을 위한 이벤트이기 때문에 음악 공연의 경우엔 아이들의 출입이 제한되는 경우는 있지만 드로잉 이벤트는 아이와 함께 참여해볼 수 있다. 커다란 전시실 안에 수많은 사람들이 함께 모여 초상화를 스케치하는 모습을 통해 런더너들이 문화와 예술을 즐기는 방법을 가장 가까이에서 볼 수 있는 시간이기도 하다.

누구에게나 열려 있는 현대미술,
사치 갤러리 Saatchi Gallery

　사치 갤러리는 영국 현대미술을 이끌어가는 영향력 있는 미술관이다. 런던에서 가장 고급스럽고 트렌디하다는 첼시 지역에 위치한 이곳은 광고계의 거장 찰스 사치에 의해 세워졌다. 찰스 사치는 헨리 테이트와 함께 영국 현대미술의 대표적인 컬렉터로 'YBA(Young British Artist)'를 현대미술의 강력한 브랜드로 성장시킨 1등 공신이기도 하다. 처음 그는 부인과 함께 자신들의 현대미술 소장품을 대중에게 공개하기 위해 서북부의 페인트 공장을 리노베이션해서 갤러리를 세웠다. 도널드 저드, 앤디 워홀, 브루스 나우먼, 리처드 세라 등 미국 미니멀리즘과 개념 작가들, 제프 쿤스, 로버트 고버, 피터 헤일리 등 미국 팝아트 작가들을 영국 대중에게 처음 소개하는 전시들을 선보였다. 이후 그의 컬렉션은 영국 젊은 작가들의 작품으로 옮겨왔는데, 1992년 데미안 허스트의 기획전을 시작으로 사라 루카스, 마크 퀸, 개빈 터크 등의 기획전을 통해 활발히 영국의 젊은 작가들을 양성하고 있다.

　사치 갤러리의 목표는 런던의 다른 현대미술관에서 보여줄 수 없는 현대작품을 보여주는 것이다. 실제로 갤러리는 미국을 시작, 영국의 젊은 작가들을 양성하였고 아시아 작가들의 작품에도 관심을 가지는 등 전 세계 현대 작가의 다양한 작품을 전시하고 있다. 가장 흥미로운 작품을 발굴하고 소수 부유층과 엘리트를 위한 예술이 아닌, 누구나 쉽게 이해하고 접근할 수 있는 작품을 소개하는 것이 갤러리 철학이다. 영국 및 세계 현대미술의 현주소를 살펴볼 수 있는 사치 갤러리. 아이들의 상상력을 키우는 데 최고다.

사치 갤러리

2008년 10월에 사치 갤러리는 현재의 첼시 지역으로 갤러리를 이전했다. 15개의 전시실은 '런던에서 가장 밝고, 높고, 아름다운 비율을 갖춘 건물 as light, as high, and as beautifully proportioned as any in London'로 설계되었다. 실제로 갤러리를 방문해보면 갤러리 주변의 분위기와 갤러리 앞에 마련된 넓은 잔디밭, 건물 정면에 세워진 육중한 기둥 장식 때문에 '평범한 사람들이 들어갈 수 있는 곳인가?' 라는 의구심이 생기기도 한다. 한편으로는 이렇게 화려하고 기품 있어 보이는 갤러리를 무료로 입장할 수 있는 갤러리의 재정에 감탄하게 된다.

외부의 클래식하고 여유로운 풍경과는 달리 내부는 최대한 절제된 모습이다. 모든 건물은 흰색으로 칠해져 있고 대부분 전시실 천장은 반투명 유리로 마감했다. 때문에 직접적으로 빛이 들어오는 대신 반투명 유리를 통해 밝은 빛만 전해져 내려온다. 반투명 천정 덕분에 갤러리 분위기는 한층 밝고 높아 보인다. 지하 1층에서 지상 3층의 규모로 이루어진 갤러리는 13개의 크고 작은 일반 전시실을 가지고 있다. 그 외에 '학교 미술 전시실 Schools Art Display'과 '필립스 드 퓨리 Phillips de Pury' 전시실이 있다. 매 시즌마다 10개 이상의 현대전시를 한 곳에서 감상할 수 있다는 점에서 사치 갤러리가 영국의 현대미술에서 차지하는 자리는 매우 크다고 할 수 있다.

주소 Duke of York's HQ, King's Rd, London
홈페이지 www.saatchiart.com **가격** 무료 **운영시간** 월~일 10:00~18:00 **전철** Sloane Square

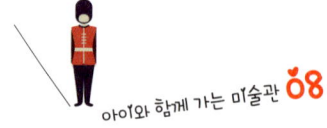

서펜타인 갤러리 Serpentine Gallery의
일요 야외수업

　　우리가 참여했던 일요 야외수업은 영국에서 활동하는 현대 작가들이 제작한 프로그램으로 그들은 유아교육의 아버지라 불리는 프리드리히 프뢰벨 Friedrich Froebel의 교육 사상에 영감을 받아 어린이를 위한 미술교재를 디자인했다. 교재의 구성은 부직포 재질을 가진 다양한 크기와 모양, 색깔을 가진 도형들, 지름이 0.5미터에서 1.5미터 정도 되는 메탈 재질의 서클, 다양한 길이를 가진 검은색 긴 직사각형 라인이 놀이를 위한 전부였다. 프리드리히 프뢰벨 가베 시리즈가 그렇듯이 기본적인 도형을 가지고 아이들이 원하는 것을 만들고 노는 것이 수업의 주요 커리큘럼이었다. 대부분의 아이들은 커다란 지름을 가진 서클과 부직포 천을 이용해서 집을 만드는 것을 좋아했다. 건물의 기초를 세울 수 있는 딱딱한 재료가 메탈 재질의 서클밖에 없었기 때문에 서클 두 개로 지지대를 만들고 남은 재료들로 집의 벽을 만들었다. 자동차를 가지고 온 아이들은 긴 직사각형 라인을 이어서 자동차 도로나 기찻길을 만들기도 했다. 특별해 보이지 않는 재료들이었지만 아이들에겐 모든 것이 놀이의 연장선이었고 즐거움이었다.

　　서펜타인 가족 프로그램의 특징은 자유로운 분위기 속에서 프로그램을 즐길 수 있으며 실내를 넘어 실외에서 자연과 함께 어우러진 수업을 할 수 있다는 것이었다. 아이들과 함께 온 부모들은 가장 편안한 자세로 잔디밭에 앉아 있었고 교육과 여가의 경계를 찾을 수 없는 시간이었다. 도시락을 싸온 가정도 많았는데 야외에서 점심을 먹으면서 아이들이 노는 모

서펜타인 갤러리

켄싱턴 가든과 하이드 파크 경계에 위치하며 평온한 자연 속에서 예술작품을 감상할 수 있는 최적의 장소다.

1970년대만 해도 영국 미술계는 현대미술에 큰 관심을 보이지 않았기 때문에 갤러리는 여름에만 한시적으로 운영되었다. 서펜타인 갤러리가 지금의 유명세를 탈 수 있었던 것은 2000년부터 시작된 '서펜타인 파빌리언 Serpentine Pavilion' 프로젝트 때문이다. 2000년 여름, 연례 후원금 행사의 파티를 준비 중이던 갤러리는 당시 세계의 주목을 받고 있었던 자하 하디드 Zaha Hadid에게 행사용 야외천막 건축을 의뢰한다. 당시 일회용 행사를 위해 지어진 건축물이었지만 예상 외의 관심과 명성을 얻게 되어 갤러리는 대중에게도 그 건축물을 공개했고, 그 이후 세계적인 건축가가 참여하는 파빌리온 프로젝트를 시작하게 되었다.

파빌리온 프로젝트가 성공할 수 있었던 요인 중 하나는 런던의 독특한 건축환경 때문이다. 런던은 100년이 넘은 다양한 건축의 역사를 볼 수 있는 도시로 기존의 건물을 유지, 보수하는 능력이 탁월한 반면 새로운 건물을 짓는 것에 있어선 제한적이고 한정된 환경을 갖춘 곳이기도 하다. 이러한 런던 건축물의 한계점에 착안해 일 년에 한 명씩 세계적으로 유명하지만 영국에서는 프로젝트를 해본 적이 없는 건축가들에게 파빌리온 프로젝트를 의뢰한 것은 상당히 기발한 아이디어라고 할 수 있다. 그동안 파빌리온 프로젝트에 참여한 건축가로는 미국의 프랭크 게리, 네덜란드의 렘 쿨하스, 프랑스의 장 누벨 등이 있다.

파빌리온 프로젝트라는 획기적인 기획 덕분에 서펜타인 갤러리는 영국의 수많은 현대미술관과 차별성을 가진 갤러리로 살아남을 수 있었다. 대중에게도 미술작품과 유명 건축가의 작품을 함께 감상할 수 있는 기회를 제공하는 것이라 영국 미술계의 영역을 한층 더 넓혀준 갤러리라고 할 수 있다.

주소 Keinsington Gardens, London **홈페이지** www.serpentinegalleries.org **가격** 무료
운영시간 화~일 10:00~18:00(월 휴무) **전철** Lancaster Gate, Knightsbridge, South Kensington
장소 Sackler Center for Education (서펜타인 갤러리 파빌리온 프로젝트 옆 잔디밭)

습을 편안하게 보고 즐길 수 있었던 최고의 시간이었다. 교육과 놀이, 피크닉의 삼박자가 모두 맞아 떨어진 곳이기도 했다. 자연스러운 분위기 속에서 놀이와 교육이 함께 가는 것. 이보다 더 좋은 교육이 어디 있을까?

아이와 함께 즐기는 **서펜타인 갤러리** "꿀팁"

01. 패밀리 데이 프로그램 참여하기

갤러리는 계절별로 일요일 오후에 가족을 위한 참여 프로그램을 기획한다. 한 달에 한 번 꼴로 진행되며 여름방학이 있는 7, 8월에는 매주 실시하기도 한다. 주로 일요일 오후에 진행되지만 날짜는 매년 다르기 때문에 홈페이지를 참고하는 것이 좋다. 구글 검색창에서 'serpentine gallery family'를 입력해 진행되는 이벤트를 확인하자.

02. 파빌리온 프로젝트 경험하기

매년 6~9월에는 세계적인 건축가의 획기적인 아이디어가 담긴 프로젝트를 만나볼 수 있다. 서펜타인 갤러리 옆 잔디밭에서 진행되며 건축물은 한 해만 볼 수 있는 유일한 건물이다. 프로젝트 건물은 건물 자체도 하나의 예술품이지만 실험정신이 강한 공간이기 때문에 남녀노소를 비롯하여 아이들에게도 인기가 많다. 프로젝트 건축물 안에는 간단한 음료를 즐길 수 있는 카페테리아도 마련되어 있다.

03. 서펜타인 새클러 갤러리 Serpentine Sackler Gallery 방문하기

2013년에 문을 연 새클러 갤러리는 서펜타인 호수 건너편에 위치하고 있다. 서펜타인 갤러리에서 도보로 약 5분이 소요되며 서펜타인 갤러리보다 더 넓은 공간에서 현대미술을 비롯 건축, 댄스, 디자인, 패션, 필름, 뮤직, 퍼포먼스, 테크놀로지 등 다양한 현대예술 영역을 선보인다. 새클러 갤러리 안에 있는 더 매거진 레스토랑은 파빌리온 프로젝트의 첫 번째 주인공이자 동대문 디자인 플라자를 설계한 자하 하디드 작품이다.

작지만 알찬 곳, 서머셋 하우스 옆
코톨드 갤러리 The Courtauld Gallery

　런던에서 작지만 가장 아름다운 갤러리로 꼽힌다는 코톨드 갤러리 Courtauld Gallery. 갤러리 이야기를 하기 전에 서머셋 하우스 Somerset House 이야기를 하지 않을 수 없다. 영국의 위대한 공공 건축물 중 하나인 이곳은 원래 에드워드 6세 시대에 막강한 부와 권력을 가졌던 서머셋 공작의 저택이었다. 18세기 이후 예술에 조예가 깊었던 조지 3세는 서머셋 하우스를 재건하도록 명령했고 당시 최고의 건축가였던 윌리엄 챔버스 William Chambers가 지휘를 맡았다. 챔버스는 도리아와 이오니아식 기둥을 비롯해 중간 돔을 기준으로 한 대칭 구조, 흰 돌벽, 높은 천정 등 신고전주의 Neo-classicism 양식을 채택해 웅장하고 화려함을 강조했다.

　1830년대 이후 조지 4세의 후원을 받아 킹스 칼리지 King's College가 동쪽 날개 건물에 세워지고 영국의 주요 왕립학회들은 시내의 벌링턴 하우스 Burlington House로 옮겨간다. 제 2차 세계대전 폭격 이후 철수된 해군과 정부기관 자리에는 미술사 대학원인 코틸드 인스티튜트 The Courtauld Institute of Art가 들어오면서 서머셋 하우스의 역할 또한 공공 기관에서 문화와 예술을 담당하는 기관으로 변모해 오늘날까지 이르게 되었다.

　서머셋 하우스 노쓰 윙 North Wing 한 켠에 자리 잡은 코톨드 갤러리는 세계에서 가장 아름다운 소규모 미술관으로 손꼽히는 곳이기도 하다. 8파운드라는 입장료를 내고 들어가야 할까를 잠시 고민하게 되지만 갤러리 안으로 들어가는 순간 그 고민들은 사라진다. 미술

코톨드 갤러리

코톨드 Courtauld라는 말은 작품의 주요 기증자이자 이 학교를 세운 사무엘 코톨드 Samuel Courtauld의 이름에서 비롯되었다. 영국 산업혁명기에 실크를 대체한 합성섬유인 레이온 산업으로 큰 부를 얻었던 사무엘 코톨드는 미술에 조예가 깊었다. 당시 미술사조의 큰 흐름이었던 프랑스 인상파 및 후기인상파 작가들의 작품을 대거 수집하였고 동생인 스테판 코톨드 Stephen Courtauld 경이 수집한 영국 작가들과 르네상스 작가들의 작품들이 더해졌다. 1, 2층으로 이루어진 갤러리의 작품 수는 250여 점에 불과하지만 대중들에게 잘 알려진 인상파와 후기인상파 작가들의 유명 작품을 대거 만날 수 있다.

주소 Strand, London
홈페이지 www.courtauld.ac.uk/gallery
운영시간 월~일 10:00~18:00 (12월 25, 26일 휴무)
가격 주중 9파운드, 주말 11파운드. 만 18세 이하는 무료.
전철 Temple, Embankment

　시간에 배웠던 작품들을 한 곳에서 만나는 즐거움은 마치 낯선 이국 땅에서 고향 친구를 만난 것처럼 반갑다. 작품은 초기 르네상스 시대부터 20세기에 이르는 회화를 갖추고 있는데 주로 인상파와 후기인상파의 컬렉션이 매우 훌륭하다.

　로트랙, 모네, 마네, 드가, 르누아르, 고흐, 세잔, 쇠라, 고갱, 모딜리아니 등 한국 사람들이 좋아하는 인상파 화가들의 작품 중에서 미술책에서 한 번 정도 봤던 친숙한 작품들이 가득하다. 그밖에도 레오나르도 다 빈치, 미켈란젤로, 렘브란트 등 이름만 들어도 알 만한 작가들의 작품을 보는 즐거움도 느낄 수 있다.

　전시실마다 스태프가 상주하지만 플래시를 끈 채 사진을 찍는 것은 허용된다. 유명한 작품을 찍기 위해 여기 저기 눈치볼 필요 없이 당당하게 카메라를 꺼낼 수 있는 자유로움도 느낄 수 있는 곳.

아이와 함께 즐기는 서머셋 하우스 "꿀팁"

01. 야외 광장에서 즐기는 다채로운 행사

서머셋 하우스를 둘러 싸고 있는 중앙광장은 다양한 용도로 사용된다. 광장 바닥에 설치되어 있는 분수 시설은 물을 좋아하는 아이들의 최고의 놀이터. 날씨가 더운 7월이면 이곳에서 물놀이를 하는 아이, 어른들을 쉽게 발견할 수 있다. 도심에서 무료로 즐길 수 있는 물놀이 장소 중 한 곳이다.

8월의 축제 8월에 런던을 여행 중이라면 서머하우스를 기억하자. 매년 8월, 서머셋 하우스 광장에서는 다양한 행사가 진행된다. 가족을 위한 무료 시네마 상영부터 디자인 팝업 하우스, 가드닝 행사, 콘서트 등 작은 축제가 상시 진행된다. 서머하우스 홈페이지를 통해 수시로 업데이트되는 행사들을 확인하자.
검색방법 서머셋 하우스 홈페이지에서 'What's On' 클릭
홈페이지 www.somersethouse.org.uk

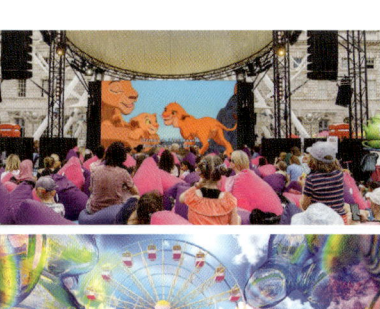

02. 다양한 카페 및 레스토랑 이용

서머셋 하우스 안에는 간단한 커피를 마실 수 있는 카페부터 시작해 한 끼 식사를 해결할 수 있는 레스토랑 등 총 7개의 크고 작은 레스토랑이 자리잡고 있다. 레스토랑 장소 역시 템즈강을 바라보며 식사를 할 수 있는 테라스 테이블부터 깔끔하게 디자인된 실내 레스토랑까지 다양하다. 각 레스토랑의 메뉴는 홈페이지에서 확인할 수 있고 운영시간 또한 레스토랑에 따라 다르다.
홈페이지 www.somersethouse.org.uk/plan-your-visit/eating-and-drinking

코톨드 갤러리의 대표작 8선

폴리 베르제르의 술집 마네 | 1881-1882

마네가 사망하기 일 년 전, 1882년 파리 살롱에 전시된 그의 마지막 작품이다. 그림에 등장하는 여자는 실제 파리 최고의 사교장에서 일했던 쉬종 Suzon이라는 종업원. 표정에 생기가 없고 다소 지쳐 보인다. 마네는 거친 붓 터치로 거울에 비춰지는 반대편 사람들의 모습을 그려놓았다. 도덕적으로 의심스러운 당시의 상황을 예술의 영역으로 끌어들였고, 다양한 이야기를 작품 속에 넣었다. 당시로서는 실험성이 강하다는 평가를 받기도 했다.

꿈 고갱 | 1897

폴 고갱은 대표적인 후기인상파 화가이다. 문명세계에 대한 혐오감으로 남태평양 타히티히섬으로 떠나 그곳 원주민들의 그림을 많이 그렸다. 열대 지역에서 느낄 수 있는 밝고 강렬한 색채가 그의 화폭에 고스란히 드러난다. 〈꿈〉작품도 1897년 타히티히섬에서 그린 작품으로 집안 풍경, 가벼운 옷차림, 생김새 등을 통해 섬의 이국적인 모습을 느낄 수 있다.

생트-빅투아르 산 세잔 | 1885-1887

'근대회화의 아버지'로 불리는 폴 세잔은 사물의 본질적인 구조와 형상에 주목하여 자연의 모든 형태를 원기둥과 구, 원뿔로 해석한 독자적인 화풍을 개척하였다. 세잔이 자주 그렸던 〈생트-빅투아르 산〉은 그의 정신적인 지주와도 같았던 산이다. 세잔은 산의 사실적인 모습이 아닌 산의 구조를 그렸다. 후에 파블로 피카소나 조르주 브라크 같은 입체파 화가들에게 영향을 주기도 했다.

아르장퇴유의 가을 모네 | 1873

클로드 모네는 인상파의 창시자 중 한 사람으로 그의 작품 〈인상, 일출〉에서 '인상주의'라는 말이 처음 생겨났다. '빛은 곧 색채'라는 인상주의 원칙을 끝까지 고수하며 같은 장소를 다른 시간대에 그려 빛에 따라 자연의 풍경이 달라 보이는 연작 시리즈를 많이 발표했다. 아르장퇴유는 모네가 살던 센강 변에 위치한 곳이다.

화장하는 여인 쇠라 | 1889-1890

신인상주의에 속하며 점묘법의 창시자로 알려진 조르주 쇠라의 작품이다. 그림의 주인공은 자신의 연인이었던 마들렌 Madeleine Knobloch을 모델로 그린 작품이다. 매우 작은 점들이 모여 하나의 형태로 탄생되는 점묘법 스타일의 작품은 일반적인 붓 터치가 보여주는 시원함과는 또 다른 신비로움을 느낄 수 있다. 왼쪽에 그린 화장대의 모양, 치마 디자인, 가슴이 강조된 드레스를 통해 당시 유행하던 아르누보 양식을 발견할 수 있다.

앉아있는 여성 누드 모딜리아니 | 1916

아메데오 모딜리아니는 이탈리아 태생으로 파리에서 주로 활동했다. 특정한 사조에 참여하지 않은 채 폴 세잔, 야수파, 입체파, 아프리카 미술 등 다양한 미술양식에서 영감을 얻은 화가이다. 한동안 그는 작품을 한 점도 팔지 못할 만큼 어려운 생활고를 겪었고 어릴 적부터 매우 병약했다. 코톨드 미술관에 소장된 모딜리아니의 작품 역시 그만의 색채가 강하게 나타나는 누드화이다.

귀에 붕대를 감은 자화상 반 고흐 | 1889

코톨드 갤러리에서 가장 유명한 작품으로 꼽히는 고흐의 자화상이다. 작품이 완성된 시기는 그가 정신질환을 앓은 후에 그린 그림으로 추정되지만 여전히 고흐만의 색채 감각과 붓 터치를 느낄 수 있다. 덕지덕지 두껍게 발라 표현한 그의 초록색 코트는 실제로 보았을 때 매우 도드라져 보일 만큼 입체적이다. 다른 작품에 비해 작은 사이즈이지만 작품이 주는 감동은 그림의 크기와 상관이 없다. 어딘가를 응시하는 듯한 눈빛에서 슬픔이 느껴지기도 한다.

'라 모르'의 특실에서 로트렉 | 1899-1900

로트렉은 제 1차 세계대전이 시작되기 전, 정치적 안정과 문화적 풍요를 누린 파리의 화려한 밤을 그린 화가로 유명하다. 그의 작품에는 유난히 사창가 여인, 뮤직홀, 밤 무대가 많이 등장한다. 이 작품은 로트렉이 정신분열과 알코올 중독 때문에 요양소에서 치료를 받은 후에 완성된 작품이다. 그림에 등장한 여성은 밝은 화장과 두껍게 칠해진 입술 때문에 더 요염해 보인다. 다양한 색채의 사용과 느슨한 붓놀림으로 표현된 뿌연 대상은 더욱 퇴폐적으로 보인다.

PART 5

아이와 함께 가는 박물관

01 아이와 함께 동심의 세계로 떠나요, 어린이 박물관
02 영국 교육을 체험할 수 있는 곳, 과학 박물관
03 백팩 메고 전시실로 출발! 빅토리아 & 알버트 뮤지엄
04 자연의 거대한 역사를 만나는 시간, 자연사 박물관
05 자동차 좋아하는 아이들 모두 모여라! 교통 박물관
06 박물관 안에 키즈 카페가 있다? 도크랜드 박물관
07 역사 교육과 놀이를 한꺼번에, 영국 박물관
08 지하 터널을 여행하는 즐거움, 우편 박물관
09 영화 〈노팅 힐〉의 촬영지, 햄스테드 히스 & 켄우드 하우스
10 영국 귀족의 화려한 소장품이 한자리에, 월레스 콜렉션
11 영국 중산층의 삶을 엿볼 수 있는 곳, 제프리 박물관

런던의 미술관과 함께 박물관 역시 런던 여행에서 빼놓을 수 없는 장소다.
무료 입장임에도 불구하고 소장품의 규모는 상상을 초월한다. 세계의 역사를 한눈에
볼 수 있는 영국 박물관부터 산업혁명이 탄생한 나라의 위상을 보여주는 과학 박물관,
자연의 거대한 역사가 기록된 자연사 박물관, 세계 최대 규모의 장식예술 변천사를
볼 수 있는 빅토리아 & 알버트 뮤지엄까지 진정한 국립박물관의 면모를 볼 수 있다.
각 박물관의 성격에 맞는 어린이 프로그램에서 참된 교육의 모습도 느낄 수 있다.
어린이를 위한 박물관의 다양한 이벤트 및 프로그램을 소개한다.

아이와 함께 동심의 세계로 떠나요,
어린이 박물관 Young V&A

많은 사람들이 빅토리아&알버트 뮤지엄 Victoria&Albert Museum은 알지만 어린이 박물관은 잘 모른다. 저자 역시 빅토리아&알버트 뮤지엄 안에 어린이 박물관이 있는 줄 알았다가 런던 이스트 지역에 있다는 것을 뒤늦게 알고 거리상의 이유로 가야 할지 말아야 할지 고민을 하기도 했다. 결론부터 말하자면 아이보다 어른을 위해서라도 꼭 한 번 방문해 보길 바란다. 어른들 역시 아련한 추억에 젖어 기분 좋은 시간을 보낼 수 있다.

박물관 정문을 넘어 중앙 홀에 들어서면 둥근 아치형으로 이루어진 철골 구조와 높은 천장고가 눈앞에 펼쳐진다. 인포메이션 데스크보다 먼저 만날 수 있는 기념품 매장. 기념품 매장만 가면 뭐라도 하나는 사야 하는 아이라면 정문에서부터 긴장해야 한다. 아이들을 유혹하는 물건들이 매우 많다. 건물은 2층으로 되어 있는데 0층과 1층 사이에 반 층을 올라갈 수 있는 구조로 되어 있다. 0층은 기념품 매장, 인포메이션 데스크, 카페로 이루어져 있고, 반 층을 더 올라가면 비로소 전시물을 만날 수 있다.

0층의 전시물들은 주로 장난감 종류별로 전시되어 있고 1층의 전시물은 주로 테마별(가족, 아기, 집, 배움, 의상 등)로 전시되어 있다. 각 섹션마다 만지거나 체험할 수 있는 장난감이나 장소가 하나씩 설치되어 있어 아이들에겐 최고의 놀이터다. 1층의 〈왓 윌 유 비?What will you be?〉 코너에서는 앉아서 동화책을 읽을 수 있고 〈베이비스Babies〉 코너에는 아기들을 위한 놀이터가 마련되어 있다. 〈홈Home〉 코너에는 가지고 놀 수 있는 커다란

어린이 박물관

원래 이 건물은 베스널 그린 박물관 Bethnal Green Museum이란 이름으로 1872년에 설립되었다. 초기 설립 당시에는 다양한 세기에 걸쳐 수집된 다양한 물품을 전시하다가 1920년 이후 어린이를 위한 수집품 및 서비스에 집중하기 시작했다. 1974년 빅토리아 & 알버트 뮤지엄의 총책임자였던 로이 스트롱 Roy Strong 경의 지휘 아래 이곳은 빅토리아 & 알버트 어린이 박물관으로 재정비되었다. 현재까지 어린이 박물관은 영국에서 가장 많은 어린이 관련 콜렉션을 보유하고 있다. 박물관 안에는 어린이에 관한 모든 제품들이 전시되어 있다고 해도 과언이 아닐 정도. 19세기부터 현재까지 어린이들이 가지고 놀던 다양한 장난감이 테마별로 전시되어 있고 어린이들의 의상 변천도 한눈에 볼 수 있다. 현재 어린이 박물관은 팬데믹 기간 동안 리모델링을 진행 중이며 2023년 7월에 재개장할 예정이다. 박물관의 영문 이름 역시 V&A Childhood Museum에서 Young V&A로 변경, 관람대상을 어린이에서 청소년으로 확장시켰다.

주소 Cambridge Heath Rd, London **홈페이지** www.vam.ac.uk/young **가격** 무료
운영시간 월~일 10:00~17:45(1월 1일, 12월 24일~26일 휴무) **전철** Bethnal Green

인형집들이 있고, 〈차일드후드 갤러리스Childhood Galleries〉에는 다양한 옛날 장난감들이 전시 중이다. 실제 가지고 놀 수 있는 레고도 한편에 마련되어 있다. 전시물들은 각 시대별, 종류별로 전시되어 있을 뿐만 아니라, 각 부스 안에 전시된 물건들의 용도를 생각해볼 수 있는 질문이나, 수수께끼처럼 질문도 하나씩 넣어놓았다. 단순해 보이지만 아이들에게는 그냥 스쳐 지나가는 전시물이 아니라 하나씩 살펴보고 생각할 수 있는 기회를 제공해준다.

특히 1층의 실내 모래놀이 장소는 아이들에게 인기가 높다. 전시실 중앙에 키즈 카페에서나 볼 수 있는 실내 모래놀이 공간이 있는 것. 규모가 그리 크지 않지만 비가 자주 오는 런던의 어린이들에게 박물관 모래놀이터는 훌륭한 놀이공간이다.

아이와 함께 어린이 박물관을 구경하는 것은 부모에게도 즐거운 시간이다. 엄마의 어릴 적 장난감이었던 다양한 바비 인형도 만나고, 아빠에게 소중한 장난감이었을 로봇 장난감도 볼 수 있다. 덕분에 아이에게 엄마, 아빠의 어릴 적 이야기를 자연스럽게 들려줄 수 있는 시간을 갖게 된다. 어린이 박물관에는 유난히 연세 드신 할아버지, 할머니들이 많다. 아주 천천히 장난감을 하나씩 챙겨보며 때때로 아련한 미소를 짓기도 하는 그분들의 모습에서, 장난감은 그냥 장난감이 아니라 어린 시절의 꿈과 행복한 기억이 가득 담긴 보물일지도 모른다는 생각을 하게 된다.

매일 크고 작은 이벤트가 열리는 곳, 어린이 박물관

어린이 박물관의 좋은 점 가운데 하나는 매일 이벤트가 열린다는 것. 주로 주말 이벤트가 가장 크고 다양하지만 주중에도 작은 이벤트가 열리기 때문에 박물관 입장 시 인포메이션 데스크에서 미리 숙지해두면 편리하다.

저자는 어린이 박물관에서 총 2개의 이벤트에 참여했다. 하나는 만 5세 이하 어린이를 대상으로 하는 스토리텔링이었고 다른 하나는 간단한 만들기 이벤트였다.

만 5세 전후의 아이라면, 그리고 영어에 이미 노출된 경험이 있는 아이라면 더욱 스토리텔링 이벤트에 재미를 느낄 것이다. 영어를 잘 알아듣지 못하더라도 걱정할 필요는 없다. 만 3~4세 어린 아이를 대상으로 하기 때문에 아주 쉬운 수준의 책을 읽고 영어를 못 알아들어도 선생님의 행동과 표정을 통해 스토리를 이해할 수 있다. 또 아이 혼자만 참석하는

게 아니라 엄마와 함께 하는 시간이므로, 아이는 훨씬 안정감을 느낄 수 있다. 책을 읽어주는 방식도 단순히 동화책을 읽어주는 게 아니라 상황에 맞게 가면을 쓴다거나 옷을 바꿔 입는 등 입체적이다. 아이들에게 호기심을 자극할 수 있는 소재들을 꽤 준비해놓은 것. 영어를 잘하든 못하든 상관없이 아이들은 그 어느 때보다 이야기 듣기에 적극적일 것이다. 30분이라는 시간이 너무 짧게 느껴진다. 무료로 재미있는 영어 수업을 듣는다고 생각하고 부담없이 참여하면 좋다.

스토리텔링 시간이 끝난 후 이어진 크래프트 시간은 정해진 시간대에 아무 때나 와서 만들기를 하면 되는 이벤트다. 스토리텔링과 연결해 동물 모양의 머리띠를 색칠하고 머리띠를 만드는 단순한 만들기 시간을 보냈다. 만들기나 컬러링을 좋아하는 자녀라면 특히나 만족스럽고 알차게 시간을 보낼 수 있을 것이다.

아이와 함께 즐기는
어린이 박물관
"꿀팁"

어린이부터 청소년까지, 영국의 젊은 세대를 위한 새로운 문화 공간

어린이와 청소년을 위한 박물관이 200억 이상(1,300만 파운드)의 재개발을 거쳐 2023년 여름에 다시 문을 연다. 박물관 이름도 V&A Childhood Museum 에서 Young V&A로 변경되었다.

박물관은 크게 놀이, 상상, 디자인(Play, Imagine, Design)의 3개의 새로운 갤러리와 인터랙티브 전시가 포함되어 있으며 차세대 예술가, 디자이너, 공연자들에게 영감을 줄 수 있는 공간으로 탈바꿈된다.

박물관에는 오픈 디자인 스튜디오, 청소년을 위한 게임 디자인 공간, 플레이 존에 인터랙티브 마인크래프트 설치를 포함한 다양한 구역을 설치할 예정이다. 인공지능이 사회 전반에 침투한 요즘, 디지털 세대들에게 가장 필요한 창의성 교육을 위해 다양한 플레이존을 마련했다.

이전의 어린이 박물관처럼 새롭게 개장한 영 V&A도 가족 친화적인 정기 전시회와 무료 워크샵을 진행한다. 다양한 프로그램은 홈페이지를 통해 수시로 확인하자.

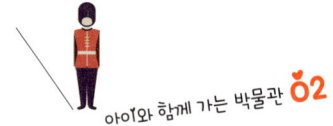

영국 교육을 체험할 수 있는 곳,
과학 박물관 Science Museum

온몸으로 체험하고 즐기는 인터랙티브 전시관, 원더랩

일상에서 볼 수 있는 과학 현상을 직접 체험하고 이를 통해서 과학의 원리를 배울 수 있는 곳이다. 기존에 무료였던 런치패드 전시관을 유료로 변경하면서 새로운 체험 도구를 추가해 더 풍성한 재미를 선사한다.

원더랩에서는 50여 개 이상의 체험 도구들을 통해서 빛, 에너지, 움직임, 전기, 소리 등 과학원리를 설명하고 있다. 자전거 페달을 밟으면서 생기는 에너지는 얼마나 되는지, 아치형 다리나 건물 안에는 어떤 과학 원리가 숨어 있는지, 수레가 돌아가고 물레방아가 돌면서 생기는 에너지의 크기, 자기장의 힘이 얼마나 센지 등 초등학교 때 배우는 수많은 과학원리를 재미있는 놀이기구로 풀어놓았다.

원더랩을 방문하면 다양한 과학쇼도 즐길 수 있다. 일반 고객을 대상으로 하던 무료 과학쇼를 원더랩 입장객들에게만 제공하는 식으로 변경하면서 과학쇼의 퀄리티를 높였다. 매일 다른 종류의 쇼 네다섯 개가 20~30분 단위로 제공되기 때문에 원더랩에서 제공하는 과학쇼만 즐겨도 최소 1시간 반은 소요된다. 모든 과학쇼는 영어로 진행되지만 상황을 통해서 이해할 수 있는 실험들이 대부분이기 때문에 영어를 잘 못해도 충분히 재미있는 시간을 보낼 수 있다. 유료 입장이지만 어른과 아이가 함께 즐길 수 있는 재미있는 과학 체험이 많아서 적극적으로 추천한다.

원더랩 입장료 어른 11파운드, 어린이 9파운드 **운영시간** 박물관 운영 시간과 동일

각 층에서 만날 수 있는 인터랙티브 프로그램 Interactive Program

과학 박물관은 박물관에 전시되어 있는 전시물을 보는 것만으로도 시간이 부족한 곳이다. 각 층마다 직접 체험할 수 있는 전시장이 있어 거대한 과학 키즈카페와도 같은 곳. 각 층의 체험전시장을 간단히 소개한다.

1. 지하의 더 가든 The Garden – 실내에서 즐기는 짜릿한 물놀이 공간

만 7세 이하 아이들을 위한 체험 공간이다. 실내공간에는 물놀이를 할 수 있는 커다란 장치가 설치되어 있다. 그 옆으로는 플라스틱 벽돌을 쌓거나 들어 올릴 수 있는 장치를 비롯해 오감을 사용해 즐길 수 있는 공간도 마련되어 있다. 물놀이를 할 수 있는 곳에는 물놀이용 앞치마가 준비되어 있어 놀다가 옷이 젖을 염려가 없다. 작은 부분까지 신경 쓰고 배려하는 세심함이 엿보인다.

2. 0층의 패턴 파드 Pattern Pod

만 8세 전후 아이들을 위한 공간. 다양한 패턴을 경험하게 함으로써 아이들의 감각을 계발시킨다. 여러 가지 모양의 패턴을 원하는 모양으로 만들 수 있는 섹션, 모니터를 통해 여러 가지 패턴을 만들어볼 수 있는 섹션, 다른 모양의 퍼즐을 기계에 넣으면 모니터를 통해 퍼즐이 커지는 모양을 볼 수 있는 섹션 등 패턴을 통해 놀이와 공간 능력을 키우는 전시물들을 만날 수 있다.

과학 박물관

1857년에 설립. 원래는 빅토리아 & 알버트 뮤지엄 한쪽에 과학 관련 전시물을 모아 전시하다가 점점 규모가 커져 1864년 지금의 위치로 자리를 옮겼다. 산업혁명으로 일찍 근대화가 되었던 영국은 과학에 대한 관심이 남달랐다. 과학 박물관에는 과학문명의 발달을 순차적으로 볼 수 있게 전시되어 있다. 어린이와 청소년을 위한 복합 문화공간이라고 할 만큼 규모도 크다. 약 30만 점의 전시물들이 있으며 항공이나 우주, 수학, 물리학, 천문학 등 총 10가지 주제를 전시하고 있다. 각 층마다 직접 체험할 수 있는 전시실이 있어 아이들에게 큰 인기를 끌고 있다.

주소 Exhibition Rd, London **홈페이지** www.sciencemuseum.org.uk
가격 무료(원더랩과 특별전시 제외) **운영시간** 월~일 10:00~18:00 (공휴일은 19:00시까지 개장)
전철 South Kensington

3. 1층의 후 엠 아이 Who am I?

고학년 혹은 사춘기 아이들에게 인기 있는 전시실. 자신이 누구인지에 대한 물음을 과학적으로 접근하는 전시장이다. 질문을 통해 성격 테스트를 하는 것처럼 나의 목소리, 동공의 움직임, 얼굴 표정을 모니터에 인식시켜 과학적으로 나를 알아볼 수 있다. 터치스크린을 통한 체험학습이 대부분이다. 얼굴을 모니터에 인식시켜 20년, 30년 후의 나이 든 자신의 모습도 볼 수 있어 흥미롭다.

4. 3층의 매쓰매틱스 Mathematics

삶 속에서 수학이 어떻게 사용되고 있고, 사람과 사람 사이를 어떻게 연결해주는 매개체로 사용되고 있는지를 소개하는 곳이다. 동대문 디자인 플라자를 설계한 자하 하디드가 디자인한 갤러리로 적당한 조명과 곡선으로 이루어진 갤러리 전시장이 미래 도시에 온 것만 같다. 다양한 체험을 통하여 우리가 인지하지 못하는 삶 속에서 사용되는 수학적 원리를 배울 수 있다.

아이와 함께 즐기는 과학 박물관 "꿀팁"

01. 바쁘면 '원더랩'부터

과학 박물관에서 보내는 시간이 한정되어 있다면 3층의 '원더랩'부터 관람하도록 하자. 유료 전시장이지만 재미있는 체험학습을 통해서 과학 원리를 깨달을 수 있는 곳이라 돈이 아깝지 않을 만큼 알차다. 원더랩에서 제공하는 과학쇼도 놓치지 말 것!

02. 카페에서의 휴식은 꿀맛

박물관 안에는 크고 작은 카페가 있는데 지하 1층의 딥 블루 Deep Blue 패밀리 레스토랑에서부터 2층의 미디어 에너지 카페 Media Energy Café와 3층의 쉐이크 바 Shake Bar 등 간단한 음료 및 샌드위치를 파는 카페도 있다. 2층의 미디어 에너지 카페는 다른 층에 비해 조용하다. 커피 한 잔 시켜서 책을 읽거나 창가 테이블에 앉아 지나가는 사람들을 구경해도 좋다. 3층의 쉐이크 바는 간단한 음료를 파는 곳으로 카페 옆에는 넓은 카페테리아가 있다. 이곳은 음료 하나를 주문해서 편하게 준비해 온 도시락을 먹기에도 부담 없는 공간이다.

백팩 메고 전시실로 출발!
빅토리아 & 알버트 뮤지엄 Victoria and Albert Museum

　빅토리아 & 알버트 뮤지엄(이하 V&A)에서는 여름 시즌마다 매주 토요일에 약 세 차례에 걸쳐 아이들을 위한 팝업 퍼포먼스를 선보인다.
　퍼포먼스는 스토리텔링, 인터랙티브 공연, 댄스 등 매주 다른 주제를 가지고 공연을 하는 것이 특징이다. 우리는 〈빨간 모자와 늑대〉 공연을 보았다. 공연 장소는 박물관 안의 렉처 극장 Lecture Theatre. 공연 관람은 아주 자유로웠다. 무대 밖의 객석이 아닌, 무대 위에서 둥글게 둘러앉아 배우들의 공연을 눈앞에서 볼 수 있다. 공연은 약 25분간 진행되는데 배우들은 아이들의 눈높이에 맞춰 최대한 과장된 몸짓과 표정을 짓고, 아이들 역시 자유로운 분위기 속에서 공연에 몰입한다. 배우들의 일방적인 공연이 아닌 관람하는 아이들에게 질문을 던지거나 참여를 요구하는 식의 인터렉티브 공연이라 아이들은 더 흥미롭게 공연에 집중할 수 있다.
　공연이 끝난 후에는 원하는 부모와 아이들에 한해 공연 후기를 묻는다. 아이들에겐 특정한 질문을 하거나 재미있었던 장면을 그림으로 그리게 하고 부모들에겐 공연에 대한 평가 및 건의사항을 조사하는 식이다. V&A의 주말 퍼포먼스는 무료 공연임에도 불구하고 매주 다른 주제의 공연을 관람할 수 있는 훌륭한 이벤트이다. 기획자의 일방적인 공연이 아닌 관객의 의견을 수렴해 공연의 질을 향상시키는 모습을 통해 가히 세계 최고의 박물관다운 면모를 볼 수 있다.

빅토리아 & 알버트 뮤지엄

세계 최고의 장식미술 공예박물관. 1851년 런던에서 열린 만국박람회의 성공을 기념하고 그 성과를 발전시키기 위해 빅토리아 여왕의 남편인 알버트 공이 1852년에 박물관을 설립하였다. 처음엔 산업 박물관이란 이름으로 시작했다. 알버트 공이 죽은 뒤 1899년 빅토리아 여왕은 신관을 새롭게 건축하면서 산업 박물관이었던 곳에 미술작품을 더하기 시작한다. 1909년 알버트 공을 기념하기 위해 현재의 빅토리아 & 알버트 뮤지엄으로 새롭게 개관했다 (이하 V&A).

V&A는 시간적으로 중세시대부터 현대에 이르는 약 2천여 인류 역사를 아우르고 있으며, 공간적으로 유럽, 아시아, 북미, 아프리카 등 광범위한 영역을 포괄하고 있다. 컬렉션 또한 가구, 섬유, 금속공예 등 장식미술을 비롯 회화, 조각, 드로잉, 판화 등 순수미술 분야까지 포함하여 세계 최고의 장식미술 공예 박물관의 면모를 갖추었다.

주소 Cromwell Rd, London **홈페이지** www.vam.ac.uk **가격** 무료
운영시간 월~일 10:00~17:45, 금 10:00~22:00 **전철** South Kensington

공연 날짜 매주 토(7~9월)
공연 시간 11:00, 13:00, 15:00
공연 장소 렉처 극장을 비롯 V&A 곳곳

V & A에서 즐기는 어린이 프로그램

V&A에는 어린이들을 위한 8가지 종류의 백팩이 준비되어 있다. 다른 박물관보다 더 많은 종류의 백팩이 있기 때문에 나이에 따라, 취향에 따라 폭넓게 선택할 수 있다. 방대한 박물관을 전부 관람하기보다는 선택한 백팩에 따라 가야 하는 전시실이 나눠져 있어 아이들이 각자 관심 있는 것을 더 자세히 볼 수 있는 장점이 있다. 우리는 5~8세 어린이들을 위한 〈매직 글라스 Magic Glass〉 백팩을 선택했다. 4층의 글라스룸 Glass Room 131을 위한 백팩이었다. 백팩 안에는 글라스룸에 대한 간단한 소개와 전시실 안에 있는 소품과 똑같이 생긴 플라스틱 모형들, 빨강, 파랑, 노랑 등 컬러풀한 플라스틱 글라스, 색연필과 작은 수첩, 돌

보기가 들어 있었다. 가이드 책자를 하나씩 넘기며 액티비티를 수행하면 되는데 백팩 안에 들어있는 똑같은 모형의 컵을 찾거나 투명 컬러풀 글라스를 합쳤을 때 색의 변화 관찰하기, 전시실에서 마음에 드는 소품을 선택해서 그림 그리기 등 색을 좋아하고 그림 그리기를 좋아하는 아이에게 안성맞춤인 백팩이었다.

한 번에 여러 개의 백팩을 빌리는 것은 불가능하지만 하나가 끝난 후에 다시 또 다른 백팩을 따로 빌릴 수 있으므로, 관심과 취향에 따라 다양한 경험을 할 수 있다.

대여장소 V&A 교육 센터
대여시간 10:00~16:00
대여료 무료. 운전면허증이나 체크카드, 신용카드를 맡긴 후 백팩 반환 시 돌려받는다.

패밀리 아트 펀 트레일 Family Art Fun Trails 지도

V&A는 아이들을 위한 다양한 가이드 지도가 마련되어 있다. 〈글로리어스 가든 Glorious Garden〉 가이드 지도는 영국 가드닝의 역사와 관련 전시물을 아이들의 눈높이에 맞춰 디자인한 지도이다. 1층에서부터 6층까지 과거 박물관 정원에 실제로 설치되어 있었던 조각품들과 분수대, 건물의 문양을 살펴보고 찾아가며 과거로 여행한다. 지도 뒤편은 아이들이 찾은 가드닝 소품들과 본인이 원하는 정원의 모습을 그릴 수 있는 큰 면을 마련해놓았다.

〈어드벤처스 트레일 The Adventure's Trail〉 가이드 지도는 박물관에 전시되어 있는 다양한 보물들(은세공 제품, 주얼리, 명화작품, 도자기, 가구, 세라믹 등)을 찾아보는 지도다. 박물관 전체에 퍼져 있는 보물들을 찾거나 미션에 맞는 그림을 그릴 수 있도록 디자인되어 있다.

〈시킹 스컬프처 Seeking Sculpture〉와 〈언디스커버드 뮤지엄 The Undiscovered Museum〉 가이드 지도는 연령이 낮은 아이들을 위한 지도이다. 한 손에 들어올 만한 작은 수첩 사이즈 안에는 박물관 이미지 컷이 10장 이상 양면으로 실려 있다. 주로 박물관 대형 장식물이나 바닥타일 문양, 계단, 벽 문양, 난간, 조명, 유명 조각품의 일부 사진 등이 실려 있다. 아이들은 포켓 가이드 지도를 들고 박물관을 다니면서 똑같이 생긴 장소를 찾으면 된다. 미취학 아동들이나 영어에 익숙하지 않은 아이들에게 적합한 액티비티 지도이다.

그밖에도 V&A 홈페이지에서만 다운받을 수 있는 가이드 지도도 있다.

아이와 함께 즐기는 V&A "꿀팁"

1. 드랍인Drop-in 디자인 이벤트

V&A에선 오전 10시 30분에서 오후 5시 사이에 드랍인 디자인 이벤트가 열린다. 시간이 될 때 가서 참여할 수 있어 여행자들에게 부담이 적다. 드로잉, 크래프트, 디지털 액티비티 등 매주 다른 주제로 이벤트가 진행된다.

이벤트 날짜 V&A 홈페이지 검색창에서 'families'를 검색해 확인
이벤트 시간 10:30~17:00 **이벤트 장소** 매주 달라짐. 홈페이지를 참고하거나 인포메이션 데스크에 문의

02. 박물관 정원 분수에서 즐기는 물놀이

V&A 건물과 건물 사이를 연결하는 중앙 통로에 있는 존 마데스키 정원 John Madejski Garden에는 물이 뿜어져 나오는 작은 분수시설이 있다. 이곳의 분수대는 안으로 들어갈 수 있도록 디자인되어 있고 분수대 안은 발목 정도만 잠길 물 높이라 저학년 아이들에겐 최고의 물놀이 공간을 제공한다. 분수대 주변으로는 잘 다듬어진 수국과 나무들이 분수대를 더 특별하게 만들어주고 있다.

03. 가성비 최고의 카페, V&A Café

런던에 있는 미술관과 박물관 카페를 통틀어 가히 최고의 장소라고 할 수 있는 V&A 카페. 클래식하게 설계된 건물 내부에 화려한 조명과 바닥타일, 벽타일은 최고급 레스토랑을 능가하는 아름다움과 우아함을 뽐낸다. 클래식한 분위기를 좋아하는 사람이라면 안쪽에 위치한 카페를, 모던한 느낌을 좋아하는 사람이라면 밖에 있는 카페를, 야외 노천카페를 즐기고 싶다면 분수가 보이는 야외 테이블을 선택하면 된다. 더 좋은 것은 이렇게 멋진 인테리어를 가지고 있음에도 불구하고 음료 값은 일반 카페와 똑같다는 것. 3파운드도 안 되는 차 한 잔만 시켜도 전혀 눈치가 보이지 않을 만큼 넓은 공간을 확보하고 있다. 시간을 잘 맞춰 간다면 라이브 피아노 연주도 들을 수 있다. V&A에서 무조건 가봐야 하는 곳!

자연의 거대한 역사를 만나는 시간,
자연사 박물관 Natural History Museum

테마별로 나눠진 박물관

박물관은 크게 네 개의 존 Zone 으로 나눠져 있는데, 모든 생물을 주제로 하는 라이프 갤러리 Life Gallery와 광물이나 지각활동 등 무생물을 주제로 하는 어스 갤러리 Earth Gallery로 나눌 수 있다.

1. 오렌지존 Orange Zone

박물관 건물의 가장 왼쪽에 위치한 곳으로 다양한 곤충 표본이 전시되어 있다. 특별히 찰스 다윈 탄생 200주년을 기념해 세워진 다윈 센터에는 다양한 표본을 비롯 〈종의 기원〉을 쉽게 풀이해놓은 해설서도 만나볼 수 있다.

2. 블루존 Blue Zone

전시실 안에는 실물 크기 그대로 만들어놓은 공룡들이 가득하다. 몇 개의 공룡은 로봇 공학을 적용해 실제로 움직이도록 디자인되어 있어 아이들에게 단연 인기인 곳이다. 그밖에도 공룡의 뼈, 화석, 이빨, 알, 멸종한 동물, 물고기의 표본이 전시되어 있다.

3. 그린존 Green Zone

생태학에 관련된 소장품이 전시되어 있는 곳. 멸종된 자이언트, 조류, 파충류, 광물 등의 표본이 전시되어 있다.

자연사 박물관

켄싱턴 지역에서 가장 화려한 건축 양식을 자랑하는 박물관을 꼽으라면 단연 자연사 박물관을 이야기해야 할 것이다. 죽기 전에 꼭 봐야 할 세계 건축물에 뽑히기도 한 이곳은 1851년 런던 세계 박람회의 수익으로 매입한 부지에 지어진 최초의 건물이다. 설계를 담당했던 건축가 알프레드 워터하우스 Alfred Waterhouse (1830~1905)는 공사비 때문에 끊임없이 정부와 싸우기도 했는데 자연사 박물관은 정부의 인색함에 맞서 꿋꿋이 성취해낸 독특한 역작이라고 할 수 있다. 건물의 핵심적인 장소를 꼽으라면 메인 파사트인 그레이트 홀 Great Hall과 도서관 갤러리. 타원형으로 생긴 정문 좌우에는 무거운 하중을 지탱하기 위해 작은 기둥들이 세워져 있다. 기둥 하나하나에 정교하게 새겨진 문양은 마치 유명한 대성당 파사드의 모습을 연상시킨다. 독일 로마네스크 양식을 새롭게 재해석하여 설계해서 내부는 좌우대칭 구조로 되어 있다.

건물의 외부는 테라코타 타일을 사용하였는데 이는 수시로 비가 와 건물 외관이 더러워지는 것을 보완할 수 있는 마감재이기도 하다. 대부분의 표본이 알코올 보존제를 사용했기 때문에 화재 위험이 높다. 이에 대비해 워터하우스는 대부분의 공간에 자연 조명을 선택했다. 자연광을 최대한 활용한 박물관은 건물 자체로도 고풍스러운 아름다움을 자랑하지만 소장품의 규모로도 가히 세계 최고다. 식물학을 비롯 곤충학, 광물학, 고생물학, 동물학 등 8천만 점의 방대한 소장품을 자랑한다. 1881년부터 영국 박물관에서 자연사에 관한 것들만 전부 옮기는 데도 4년이란 시간이 걸렸다. 자연사 박물관의 마스코트는 단연 로비에 우뚝 서 있는 티렉스 공룡의 뼈. 26미터의 길이를 자랑하는 공룡 모형은 관람객을 압도하기에 충분하다.

주소 Cromwell Rd, London
홈페이지 www.nhm.ac.uk
가격 무료
운영시간 월~일 10:00~17:50
(12월 24일~26일 휴무)
전철 South Kensington

4. 레드존 Red Zone

　박물관 로비의 거대한 공룡만큼이나 인상적이었던 레드존으로 가는 길. 거대한 지구본 사이에 설치된 에스컬레이터를 타고 올라가면 지구 역사를 볼 수 있는 레드존이 나타난다. 이곳에는 지구의 탄생부터 시작해 화산과 지진, 지각의 변화 등이 다양한 시청각 자료와 함께 전시되어 있다. 또한 전시실 구석 한쪽에는 일본 슈퍼마켓을 그대로 재연해놓은 전시장이 있는데 일정한 시간을 두고 지진을 체험할 수 있는 장소라 아이들에게 인기가 아주 많은 곳이기도 하다.

> 아이와 함께 즐기는
> 자연사 박물관
> "꿀팁"

1. 그날의 이벤트 확인하기

자연사 박물관은 어린이, 가족, 어른을 대상으로 하는 다양한 이벤트가 마련되어 있다. 가족 프로그램은 주중보다는 주말에 많다. 중앙 로비 근처 전광판의 '왓츠 온 What's on'에서 그날 진행하는 프로그램을 확인할 수 있다. 그날의 이벤트는 박물관 홈페이지를 통해서도 확인할 수 있다.

관련 사이트 www.nhm.ac.uk/visit/whats-on/day.html

2. 온몸으로 체험 전시물 감상하기

박물관 전체가 하나의 움직이는 과학 교과서라고 할 만큼 아이들에게 살아있는 다양한 체험 프로그램을 제공하고 있다. 특별한 이벤트에 참여하지 않더라도 전시실 안에 설치된 핸즈온 hands-on 전시물, 시청각 자료, 시뮬레이션 장소 등 다양한 인터랙티브 전시물을 체험할 수 있다.

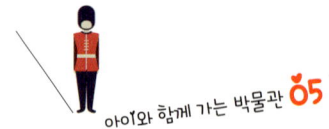

자동차 좋아하는 아이들 모두 모여라!
교통 박물관 London Transport Museum

　자동차를 사랑하는 아이들에게는 천국과도 같은 곳이다. 박물관의 중앙 홀에는 장난감 가게에서나 보던 영국의 마차와 빈티지 자동차, 더블데커가 존재감을 드러낸다. 장식용으로 설치된 차들이 있는가 하면 직접 승차를 해볼 수 있는 오래된 버스와 자동차도 있다. 아이들을 위해서 특별히 제작된 교통수단들은 하나의 장난감 역할을 하고 있기 때문에 언제나 아이들에게 인기 만점이다.

　박물관은 크게 3층으로 구성되어 있고 역사 순으로 나누어져 있다. 2층 Level 2에는 마차와 같은 19세기 런던의 교통 수단을 볼 수 있고 1층 Level 1에서는 런던 교외지역 교통의 성장 변화와 1863년부터 1905년대 실제로 사용하던 기차들을 탑승해볼 수 있다. 1층에 있는 패밀리 플레이 존 Family play zone에는 실제 사이즈의 더블데커와 놀이 공간이 있어서 아이들과 시간을 보내기 좋다.

　0층 Level 0에는 런던 지하철의 역사와 1945년을 전후로 발달한 런던의 교통 수단들, 현대와 미래의 실제적인 교통 수단들을 소개하고 있다. 전시장 곳곳에는 장난감 자동차들과 미니 놀이터, 자동차, 기차 장난감들이 놓여져 있어서 자동차를 좋아하는 남자아이들에게는 필수로 방문해야 하는 곳이다.

교통 박물관

코벤트 가든 광장의 주요 관광 명소 중 하나로 19세기부터 현재까지 런던의 대중 교통망(버스, 기차, 지하철, 및 택시)의 역사를 생생하게 보여주는 곳이다. 200년이 넘는 런던 대중교통의 역사를 효과적으로 전달하기 위해서 감각적인 그래픽 디자인과 포스터, 체험 전시를 적절히 사용하였다. 커다란 놀이 공원을 연상시킨 만큼 흥미로운 요소들을 배치해서 전 세대의 호기심과 지식을 충족시켜줄 수 있는 장소이다.

주소 Covent Garden Piazza, Covent Garden, London
홈페이지 https://www.ltmuseum.co.uk/
가격 성인 24파운드 (오후 2시 이후 입장료 22파운드), 17세 이하 무료
운영시간 월~일 10:00~18:00 **전철** Covent Garden **특징** 티켓 구입 시, 12개월간 유효

아이와 함께 즐기는 교통 박물관 "꿀팁"

1. 스탬프 지도 완성하기

박물관 입장 시 나눠주는 스탬프 지도를 들고 다니면서 13개의 스탬프를 찾으면서 관람을 즐겨보자.

2. For 1 혜택 누리기

트래블 교통카드 소지자라면 2 for 1 혜택을 누릴 수 있다. 어른 2명이 함께 여행할 때 유용하다. 'Days out guide' 공식 사이트의 검색창에서 'museum'을 입력하면 교통박물관 유료 입장권의 할인 티켓을 다운받을 수 있다.

*트래블 카드 정보는 Part2의 내용 참고
*Days out guide 홈페이지 www.daysoutguide.co.uk

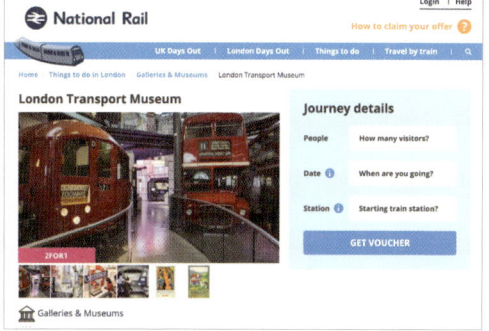

3. 패밀리 액티비티 즐기기

0층의 첫번째 스탬프를 찍을 수 있는 곳 옆에는 간단히 즐길 수 있는 액티비티 브로셔가 비치되어 있다. 또한 주말마다 어린이들을 위한 다양한 드랍인 행사를 개최한다. 박물관 내의 전시물만으로도 아이들과 1~2시간은 거뜬히 즐길 수 있지만 주말에 방문하는 가족들이라면 박물관에서 진행하는 액티비티도 눈여겨보길 바란다.

4. 코벤트 가든 즐기기

교통박물관은 코벤트 가든 내에 위치한다. 교통 박물관에 가는 날에 코벤트 가든 일정을 추가해서 코벤트 가든의 마켓 구경과 쇼핑, 버스킹, 무료 공연도 놓치지 말자.

아이와 함께 가는 박물관 06

박물관 안에 키즈 카페가 있다?
런던 도크랜드 박물관 Museum of London Docklands

　도크랜드 박물관에는 특별한 장소가 숨어 있다. 바로 박물관 0층 안쪽에 위치한 머드락스 어린이 갤러리 Mudlarks children's gallery. 이곳은 만 8세 이하 자녀를 둔 부모와 아이들을 위한 대화형 놀이공간으로 상업, 무역, 건축을 테마로 놀이공간을 꾸며놓았다. 한국의 키즈 카페와 매우 유사하다.

　갤러리에 들어가자마자 보이는 부두 모양의 테마존에는 물건을 실을 수 있는 작은 배와 기차, 크레인이 놓여 있다. 나무 배 위에 크레인을 이용해 짐을 싣고 무역항을 떠나는 콘셉트는 자동차를 좋아하는 남자 아이들에게 단연 인기 만점인 곳이다. 바로 옆 빌딩존 Building Zone에는 노란색, 파란색의 커다란 레고를 가지고 블록놀이를 할 수 있는 건설현장을 재현해놓았다. 실감나는 체험을 위해 모자와 가운, 짐수레도 마련되어 있어 역할놀이를 하기 좋은 곳이다. 물놀이를 좋아하는 아이들을 위한 테마존도 있다. '포어쇼어 파인즈 Foreshore Finds'라는 이름의 인공 해안에는 높은 곳에서 물줄기가 계속 내려오고, 해안가처럼 부드러운 모래와 조개, 돌, 배들이 있다. 호기심 넘치는 어린 아이들에게는 그야말로 천국. 그밖에 배 안에는 다양한 나라에서 수입해온 커피, 설탕, 소금 등의 상품을 배에 싣는 장소도 있고, 무게를 재는 지게차, 만 1~2세 아이들만 따로 놀 수 있는 유아 놀이터도 마련되어 있다.

　갤러리 입장은 무료지만 입장을 하기 위해선 온라인 예약 혹은 인포메이션 데스크를 통해 티켓을 받아야 한다. 어린이 갤러리는 40분 간격으로 하루 5회 문을 여는데 40분이 지

런던 도크랜드 박물관

런던의 동쪽 카나리 와프 Canary wharf에 위치하며 원래 설탕, 럼, 커피 등을 보관하던 물류창고를 개조해 만든 박물관이다. 2003년에 오픈해 이스트 런던 지역 어린이들을 위한 교육 박물관으로 자리 잡았다. 템즈강과 도크랜드 재개발에 이르는 변천사 및 로마 시대부터 최근까지 런던의 무역, 상업, 이민의 역사를 볼 수 있다. 지하 1층, 지상 3층으로 이루어진 박물관은 지하와 1층의 교육관을 비롯해 0층에는 특별전시장과 카페, 레스토랑, 머드락스 어린이 갤러리 Mudlarks childrens's gallery가 자리 잡고 있다.

본격적인 전시는 2층과 3층에서 시작된다. 3층에서부터 2층으로 역사 순으로 전시되어 있다. 3층 전시장에는 AD 43년경부터 로마 시대의 템즈강의 역사와 기능을 시작으로 17세기부터 19세기 대영제국 시절에 동인도 회사, 아프리카 회사 등 전 세계에 걸친 상업 무역의 역사가 전시되어 있다. 2층 전시장에는 19세기 증기기관차의 발명 이후 가속화된 무역의 역사를 보여준다. 전시장 곳곳에는 직접 체험할 수 있는 전시물도 많다. 그밖에도 제 1차 세계대전 전후의 도크랜드 물류 저장소의 역사, 전쟁 이후 새롭게 발전하고 있는 도크랜드 지역, 이스트 런던의 발전상도 살펴볼 수 있다.

주소 West India Quay, London **홈페이지** www.museumoflondon.org.uk/docklands
가격 무료 **운영시간** 월~일 10:00~17:00 (12월 24~26일 휴무)
전철 West India Quay, Canary Wharfe
기타 머드락스 어린이 갤러리 14:00~17:30 (주말, 방학기간 10:00~17:30),
매달 두 번째 토요일 가족 프로그램 12:30~13:30, 14:00~16:30

나면 모두 퇴장해야 한다. 5분간 스태프가 갤러리를 다시 정리한 후 재입장을 할 수 있다. 원칙적으로 입장 시 항상 티켓을 내야 하기 때문에 재입장을 하더라도 또 티켓을 신청해야 한다. 즉, 갤러리를 3번 이용하고 싶다면 각 시간에 맞는 티켓이 세 장 필요하다. 갤러리 안에 스태프가 상주하지만 부모가 반드시 함께 있어야 하고 잠깐 화장실을 가더라도 아이를 항상 데리고 다녀야 한다.

01. 오늘은 뭐하지?
박물관 인포메이션 데스크나 전광판의 '왓츠 온 What's on'을 통해 그날의 이벤트 확인하기.

02. 박물관 백팩 빌리기
만 5세 이하의 어린이들을 대상으로 박물관을 더 재미있게 체험할 수 있는 가방을 대여할 수 있다. 3가지 테마(보트, 건물, 바다 속) 중 하나를 선택할 수 있다. 가방 안에는 망원경, 테마에 맞는 책, 퍼즐; 작은 인형, 박물관 전시 가이드, 다양한 이미지들 등이 들어 있다.

대여장소 0층 인포메이션 데스크
대여시간 10:00~16:30
대여료 무료, 5파운드의 보증금을 맡긴 후 백팩 반환 시 돌려받는다.

03. 0층 머드락스 어린이 갤러리 옆에는 작은 카페테리아가 있다
간단한 음료를 마실 수 있는 것은 물론, 바로 옆에 화장실이 있어 아이들과 함께 쉬기에 편리한 곳이다. 제대로 된 식사를 원할 경우 1층의 럼 앤 슈가 Rum&Sugar 레스토랑을 이용하자.

04. 환상의 공간 머드락스
만 8세 전후의 자녀를 둔 부모들은 1층의 머드락스 어린이 갤러리를 이용해보자. 어린이를 위한 액티비티로 가득하다.
이용대상 만 8세 전후 어린이
운영시간 14;00~17:30 (주말, 방학기간 10:00~17:30), 40분 간격으로 문을 열고 5분 휴식시간 있음.
가격 무료. 단, 온라인으로 예약을 하거나 인포메이션 데스크에서 티켓을 신청해야 한다. 하루에 무제한으로 입장할 수 있으나 한 번 입장할 때마다 티켓은 따로 신청해야 함.

역사 교육과 놀이를 한꺼번에,
영국 박물관 The British Museum

박물관 내의 지하에 있는 삼성 디지털 디스커버리 센터에서는 매주 가족을 위한 이벤트를 진행한다. 주제는 매주 달라지며 정해진 시간에 아무때나 참여할 수 있다. 우리는 고대 그리스 신전을 만들어보는 〈메이킹 어 템플 Making a Temple〉 이벤트를 참여했는데 이벤트 내용을 간단히 소개하면 다음과 같다.

교육센터에 들어가면 스태프들이 아이들을 맞이해주고 일대일 방식으로 아이들에게 이벤트에 관한 설명해준다. 그날 배우게 될 내용에 대한 역사적인 사실을 시청각 자료를 이용해서 설명해주는데 아이들의 나이나 이해 수준에 따라서 교제의 난이도를 달리 하는 세심함을 보여준다. 설명이 끝나면 나무 블록을 가지고 자신의 신전을 직접 만드는 미션을 수행한다. 교육센터 안에 상주하는 스태프가 많기 때문에 거의 아이 당 한 명씩 스태프들의 직접 지도를 받을 수 있다. 아이가 신전을 만들 때도 스태프는 신전을 짓기 위해 기본적으로 필요한 기둥, 처마, 지붕 밑 삼각형 벽면인 박공벽 등 기본 요소를 다시 설명해주며 사전 내용을 상기시킨다. 각자의 신전 만들기가 끝나면 자신의 작품을 3D로 재현하기 위해 디지털 카메라를 하나씩 건네받는다. 스태프의 지시에 따라 동, 서, 남, 북 각도에 맞춰 아래, 위로 돌아가며 사진을 찍고 다 찍은 후 스태프는 그 이미지를 한데 모아 3D 모형으로 재현시켜준다. 단순히 놀이로써 신전을 만드는 것이 아니라 신전의 유래와 기본적인 상식을 배운 후에 만들기를 하므로, 교육과 놀이가 통합된 이벤트다.

영국 박물관

1753년 영국의 학자이자 의사였던 한스 슬로언 Hans Sloane 경이 국가에 기증한 유품으로 박물관이 시작되었다. 처음에는 그가 기증한 식물표본이나 서적 등을 가진 작은 박물관이었는데 19세기 말 세계의 패권을 장악했던 대영제국 시대에 본토로 들어오는 전리품을 수용하기 위해 점점 규모를 키우게 되었다. 그래서 박물관에 있는 1,300만여 점의 소장품 중에는 제국주의 시대에 약탈한 문화재도 적지 않다. 인류 최초의 문명이라고 할 수 있는 메소포타미아 남부 지방의 수메르 유물에서부터 아시리아, 이집트, 에게 해, 그리스 문명을 포함하여 고대사를 장식했던 많은 문명들의 유물이 전시되어 있다.

세계 최대의 인류문화사 관련 자료를 수집해놓은 영국 박물관은 세 개의 층에 걸쳐 94개의 전시실로 나누어져 있다. 전시실 동선도 무려 4킬로미터에 달해 모든 작품을 대충 관람해도 3~4일은 족히 걸린다. 박물관 메인 로비에 들어서면 천장으로부터 자연채광이 내려오는 그레이트 코트 Great Court가 나타난다. 2000년 밀레니엄을 맞아 새롭게 오픈한 이곳은 박물관 중앙에 있던 정원을 없애고 모든 전시실로 통할 수 있도록 설계해 관람객들이 편리하게 전시실을 찾을 수 있도록 디자인되어 있다.

주소 Great Russell St, London **홈페이지** www.britishmuseum.org **가격** 가격 무료(팬데믹 기간 이후 무료 예약제로 운영) **운영시간** 일~수 11:00~17:00, 목·토 10:00~17:00, 금 10:00~20:30 (1월 1일, 12월 24일~26일 휴무) **전철** Tottenham Court Road, Holborn, Goodge Street, Russell Square **기타** 주말 드랍인 가족 이벤트는 토·일 11:00~16:00

아이와 함께 즐기는 **영국 박물관** "꿀팁"

01. 온라인 무료 예약 권장

팬데믹 기간 이후 무료 온라인 예약제로 박물관을 운영 중이다. 무료 온라인 예약은 10분 간격으로 가능하며 홈페이지 1면에서 쉽게 찾을 수 있다.

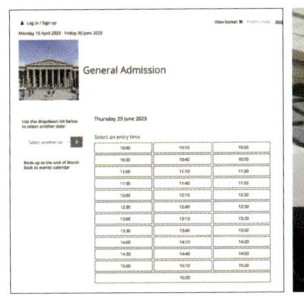

02. 주말의 가족 이벤트

영국 박물관은 특정 주말에 가족 이벤트를 개최한다. 이벤트는 고대 역사와 관련되어 있지만 주제는 상시 달라진다. 편한 시간에 가서 이벤트에 참여하면 된다.
이벤트 날짜 토요일(방학 때는 평일에도 진행)
이벤트 시간 11:00~16:00 드랍인 이벤트
이벤트 장소 삼성 디지털 디스커버리 센터

03. 어린이 탐험 트레일북 Museum explorer trail

영국 박물관은 나이에 따른 다양한 종류의 어린이 가이드 지도를 제공한다. 만 3~5세를 위한 가이드 지도는 숫자를 익히기 시작한 아이들의 흥미를 유발시키는 지도부터 색깔과 도형을 이용한 지도도 있다. 만 6세 이상의 어린이를 위한 지도는 아이들에게 인기가 많은 전시실을 중심으로 하나씩 따라가면서 배우도록 되어 있다. 박물관 홈페이지에서도 가이드 지도를 다운받을 수 있는데, 1층 인포메이션 데스크에서 주는 지도와 다르니 참고할 것.
지도 배포 장소 0층 인포메이션 데스크(메인 로비에 들어서자마자 둥근 부스를 찾으면 된다.)

04. 다양한 핸즈온hands-on 전시물 감상하기

박물관 안에는 직접 만져볼 수 있는 전시물을 비롯, 다양한 시청각 자료들이 준비되어 있다.

05. 인포메이션 데스크에서 백팩 빌리기

영국 박물관에는 총 8개의 다른 종류의 백팩을 제공한다. 나이에 따라, 관심사에 따라 선택할 수 있다. 우리가 선택한 것은 만 5세 이하 아동을 위한 백팩인 〈리틀 피트: 알프레드 더 익스플로러〉. 사자 모양의 인형, 망원경, 돋보기, 책, 라이트, 미션 카드, 탬버린 등 나이 어린 아이들이 좋아하는 소품들로 구성되어 있었다. 그밖에도 〈아프리칸 어드벤쳐〉, 〈라이프 인 에인션트 그리스〉, 〈이집션 머미〉, 〈잡스 인 로만 브리튼〉, 〈릴리전스 어크로스 아시아〉, 〈비컴 언 아키알러지스트〉, 〈마브러스 멕시코〉 등의 백팩이 있다. 각자 아이들이 관심 있는 테마의 백팩을 선택하고 그 전시장을 관람하면 된다.

백팩 대여장소 0층 인포메이션 데스크 (오디오 가이드 빌리는 곳 아님)
백팩 대여시간 10:30~15:00
백팩 대여방법 10파운드의 보증금을 내고 개인정보 작성 후 빌릴 수 있다. 백팩 반환 시 보증금은 돌려받는다.

06. 무료투어 참여하기

영국 박물관은 매일 오전 11시부터 오후 3시 45분까지 전시실 무료투어를 진행한다. 매 시간마다 투어 전시실이 다르며 투어 시간은 약 30~40분간 진행된다. 또한 금요일 저녁 5시부터 30분 단위로 박물관에서 가장 인기 있는 소장품을 집중적으로 설명하는 시간도 있다. 무료투어는 성인을 위한 투어이며 영어에 익숙한 고학년 이상에게 권장한다. 자세한 사항은 홈페이지 참조.

07. 핸드폰으로 즐기는 박물관 미션 여행

각 전시실의 큐알코드를 스캔해 미션을 수행하는 새로운 관람 방식이다. 1번 계몽주의 방, 4번 이집트 방, 25번 아프리카방, 27번 멕시코방, 62-63번 이집트 사후세계방, 70번 로마방 등에서 큐알코드를 찾을 수 있다. 미션은 전시관 내 전시품 찾기, 관련 내용 녹화하기, 사진찍기 등 총 5가지 과제로 나눠진다. 개인 휴대폰이 있다면 큐알코드가 입력된 전시실에서 능동적으로 전시관 관람을 즐겨보자.

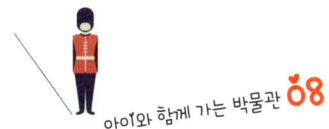
아이와 함께 가는 박물관 08

지하 터널을 여행하는 즐거움,
우편 박물관 The Postal Museum

    우편 박물관은 우편 역사를 둘러볼 수 있는 전시관과 지하 터널을 체험할 수 있는 메일 레일 전시관으로 나눠진다. 우편 역사 전시관에는 영국의 로열 메일 Royal Mail의 역사에서부터 시작된다. 당시 우편부들은 개인의 업무가 아닌, 왕실의 중요 문서를 전달하는 공식적인 역할을 했기 때문에 메일 가드 Mail Guard로 불렸고 마차를 타고 총을 소지한 채 우편 업무를 하였다.

    우표가 처음 만들어진 나라는 영국이다. 그래서 영국의 우편 역사는 전 세계의 우편 역사와도 일맥 상통한다. 전시관 안에는 우편 역사에 관한 스토리를 체험 형식으로 꾸며놓아서 아이들도 재미있게 전시관을 관람할 수 있다. 자신의 얼굴이 담긴 우표를 만들 수 있는

코너를 비롯하여 진공관으로 런던의 우편을 배달하던 과거의 기록에 착안해 입구에 설치된 캡슐 안에 편지를 넣으면 출구에서 편지를 받을 수 있는 진공관도 설치되어 있다. 터치 스크린으로 즐기는 게임존이나 과거 우편부들의 옷을 입고 사진을 찍을 수 있는 포토존도 마련되어 있다.

　우편 박물관의 진짜 하이라이트는 우편 역사 전시관 맞은편에 위치한 메일 레일 Mail Rail 전시관이다. 과거에 사용하던 지하 우편 터널과 열차를 개조하여 관광 상품으로 개발시켰다. 열차 탑승 시간은 약 15분이 소요된다. 성인 4명이 타면 꽉 찰 것 같은 작은 기차를 타고 지하 터널을 여행하면서 열차 스피커를 통해서 영국 우편 시스템의 역사를 듣게 된다. 지하 터널 곳곳에는 빔 프로젝트를 이용하여 영국 우편의 변천사와 다양한 이미지를 제공하고 있다.

 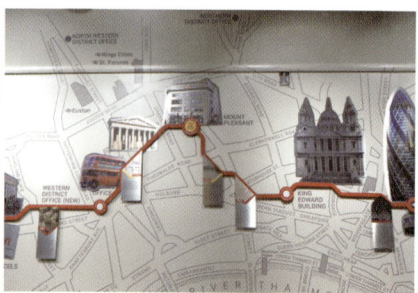

우편 박물관

1966년에 개장을 했다가 안전상의 문제로 장기간 폐장이 되었다가 2017년 여름에 다시 오픈을 하였다. 영국의 우편 제도는 500년 이상의 역사를 가지고 있다. 1512년 헨리 8세가 브라이언 토크 경 Sir Brian Tuke에게 자신의 법원을 위해서 전국적인 우편 네트워크를 설립하도록 명하였고 그 이후 찰스 1세에 의해서 1635년도에 일반인에게 공개되었다. 박물관에는 영국 우편의 역사와 우표의 발명 과정, 과거와 현재의 우편 시스템의 변천사를 살펴볼 수 있다.

우편 역사 전시관 맞은편에는 메일 레일 Mail Rail 전시관이 있다. 1900년 초만 해도 혼잡한 런던의 교통 상황으로 우편물을 정확한 시간에 배달할 수 없었다. 그래서 지하로 우편물만 따로 배달을 하는 우편 열차가 개발이 되었고 이 열차는 1927년부터 2003년까지 운영되었다. 그후 지상 운임료가 저렴해지면서 지하 우편 운송은 중단되었고 2017년 우편 박물관의 오픈과 함께 지하터널은 관광객을 위한 독특한 관광시설로 운영 중이다.

주소 15-20 Phoenix Pl, London **홈페이지** www.postalmuseum.org
운영시간 월~일 10:00~17:00 **가격** 성인 17파운드, 청소년(16-24세) 12파운드, 어린이(3~15세) 10파운드 (우편 역사 전시관+ 메일 레일 전시관) **전철** Russell Square
기타 온라인 예매 시 1파운드 할인, 우편 역사 전시관은 1회 티켓 구입으로 12개월간 유효, Sorted 어린이 놀이터 티켓은 별도 구입(5파운드)

아이와 함께 즐기는 우편 박물관 "꿀팁"

1. 어린이용 지도 들고 관람하기

우편 역사 전시관에는 아이들을 위한 2가지 종류의 트레일 지도를 제공하고 있다. 티켓 구입 시 지도를 지참해서 전시관을 관람하도록 하자.

2. 드랍인 액티비티 즐기기

주말이나 공휴일, 방학 시즌에는 어린이들을 위한 다양한 만들기 & 드로잉 액티비티를 진행한다. 우편 역사 전시관 내에서 진행되는 이벤트이며 누구나 부담 없이 참여할 수 있다.

ⓒ 우편박물관

ⓒ 우편박물관

3. 메일 레일 전시관의 어린이 액티비티 누리기

메일 레일 전시관에는 기차로 지하 터널을 여행하는 체험 외에도 지하 터널의 역사와 관련된 체험 전시관을 운영한다. 단순히 지하 터널에서 기차만 타는 공간이 아니라 우편 기차가 어떻게 운행을 했고 그 기차에 사용되었던 기계들과 사람들은 누구였는지, 편지가 한 개인의 손에서 다른 개인의 손까지 가는 데 어떤 경로를 거치는지 등을 체험 박물관식으로 꾸며놓았다. 기차 탑승 시간(15분) 외에도 체험 전시를 즐기기 위한 시간(최소 30분)도 고려해서 스케쥴을 짜는 것이 좋다.

4. 저학년 아이들을 위한 키즈카페

메일 레일 전시관에는 만 8세 이하 어린이들을 위한 실내 놀이터를 운영하고 있다. 놀이터 콘셉트는 우편과 관련된 다양한 액티비티로 이루어져 있다. 우편 박물관 입장권과 별도로 구입을 해야 하며 한 세션은 45분으로 이용 제한이 있다.
요금 어린이 5파운드 (온라인 4파운드), 어른 무료

아이와 함께 가는 박물관 09

영화 〈노팅 힐〉의 촬영지, 햄스테드 히스 & 켄우드 하우스 Hampstead Heath & Kenwood House

런던 시내를 벗어나 북쪽의 햄스테드 히스 Hampstea Heath 전철역에 내리면 바로 공원으로 들어가는 이정표가 보인다. 큰 나무들이 우거진 숲을 지나 20여 분 걸어가면 런던에서 가장 넓은 평원인 햄스테드 히스가 나타난다. 힘스테드 히스의 가장 높은 지점인 팔러멘트 힐 Parliament Hill에 도착하면 런던 시내를 한눈에 볼 수 있다. 언덕 아래에 나무들이 많아서 드라마틱한 전경을 보여주지는 않지만 나무와 빌딩이 조화롭게 어우려져 있는 모습 속에서 또 다른 런던의 모습을 발견할 수 있다.

햄스테드 히스에서 빼놓을 수 없는 곳은 바로 켄우드 하우스이다(지도상에서 북쪽에 위치하기 때문에 햄스테드 히스 전철역에서 걸어가면 약 30분 정도 소요된다). 현재 미술관으로 사용되고 있는 이곳은 17세기에 지어진 조지안 양식의 건축물로 유명한 화가의 미술 작품뿐만 아니라 건물 자체로도 볼거리가 풍성한 곳이다. 음악실, 아침식사 공간, 도서관, 침실 등 과거 귀족들이 사용하던 가구들과 패브릭, 장식을 그대로 복원해 놓아서 각 방 자체가 하나의 예술 작품이다. 특히 각 방에 걸려 있는 작품과 가구 등을 설명해놓은 해설책이 방마다 비치되어 있어서 궁금한 작품은 해설 책을 통해서 이해를 높일 수 있다.

하루 일정은 햄스테드 히스와 켄우드 하우스에서 여유로운 여행을 보내보는 것은 어떨까? 하우스 곳곳에 비치된 아이들을 위한 장난감과 하우스 밖에 있는 카페, 드넓은 평야는 완벽한 가족들에게 완벽한 하루를 선사줄 것이다.

햄스테드 히스 & 켄우드 하우스

햄스테드 히스가 관광객들에게 유명해진 것은 영화 〈노팅 힐〉의 영향이 크다. 톱스타 안나(쥴리아 로버츠 분)를 만나러 서점주인 윌리엄(휴 크랜트 분)이 그녀의 영화 촬영지를 찾아갔던 장소가 햄스테드 히스에 위치한 켄우드 하우스 Kenwood House였다.

켄우드 하우스는 대표적인 조지안 양식의 건축물로 17세기에 지어진 이후 중앙의 첫 건물에 양날개와 뒤쪽 건물이 차츰 증축되었다. 원래는 기네스 맥주회사 오너인 에드워드 기네스 Edward Guinness가 소유하고 있다가 그가 죽은 후 민간인에게 개방되어 현재는 미술관으로 운영되고 있다. 저택 안에는 렘브란트의 자화상을 비롯해, 네델란드 대표 화가인 요하네스 베르메르, 영국의 대표 화가 토마스 게인스버그, 트라팔라 광장의 4개 사자상을 조각한 에드윈 랜시어 등의 작품도 만나볼 수 있다.

주소 Hampstead Lane, Hampstead
홈페이지 www.english-heritage.org.uk/visit/places/kenwood **가격** 무료
운영시간 월~일 10:00~17:00(1·2월은 오후 4시에 폐장, 12월 24일, 25일 휴무)
전철 Hampstead Health(전철역에서 켄우드 하우스까지 도보로 약 30분 소요)

01. 매달 첫째 주 일요일의 워크숍

주말이나 공휴일, 방학 시즌에는 어린이들을 위한 워크숍이 열린다. 장소는 켄우드 하우스 내 오렌지 방에서 주로 이루어지며 편한 시간대에 와서 만들기, 그리기 등의 액티비티에 참여하면 된다.
날짜 홈페이지 참고

02. 저택 주변의 산책로와 카페

켄우드 하우스를 나오면 건물 주변에 드넓게 펼쳐진 잔디밭이 가장 먼저 눈에 들어온다. 백만 평 이상의 규모를 자랑하는 켄우드 하우스 정원은 정원이라기보다 작은 공원에 가깝다. 날씨가 좋은 날은 어김없이 피크닉을 즐기는 가족들의 모습을 쉽게 발견할 수 있다. 켄우드 하우스 뒤쪽에 자리 잡은 카페는 저택만큼이나 이곳을 여유롭게 만들어주는 데 큰 역할을 하는 곳이다. 영화의 한 장면에서 본 것 같은 분위기 때문에 저절로 차 한 잔은 마시고 싶은 마음이 생기는 곳이기도 하다. 카페 한 쪽에 가꿔진 가든에서 전형적인 영국인들의 가드닝과 차 문화를 느낄 수 있다. 느지막한 오후 시간, 평온한 분위기, 멋진 산책로, 따뜻한 차 한 잔. 가장 완벽한 차를 마시기 위해 하나라도 빠져서는 안 되는 요소들이 이곳 켄우드 하우스 카페에 있다. 음식 및 차 주문은 셀프. 실내 카페에서 주문을 한 후 원하는 테이블에 앉아 오후의 시간을 즐겨보자. 도시락을 가지고 왔다면 부담 없이 꺼내서 먹을 수 있는 곳이기도 하다.

영국 귀족의 화려한 소장품이 한자리에,
월레스 콜렉션 Wallace Collection

　월레스 콜렉션은 한적한 주택가 안에 자리 잡고 있다. 화려한 샹들리에가 설치된 현관문을 지나서 박물관 안으로 들어가면 2층으로 올라가는 하얀 대리석 계단에 깔려 있는 자주빛 카펫이 눈에 들어온다. 계단과 난간에 금으로 도금된 문양에서 이곳이 범상치 않은 곳임을 직감할 수 있다.

　건물 자체가 하나의 박물관이라고 할 만큼 박물관의 소장품들은 화려하고 아름답다. 마치 베르사유 궁전의 일부를 가져다놓은 것 같은 착각마저 들 정도로 여성 취향 저격 소장품들이 많다.

　박물관안에는 한 가문이 수집한 양이라고 하기엔 믿을 수 없을 만큼 많은 양의 소장품이 25개의 섹션으로 나눠 전시되어 있다.

　소장품 중에서 18세기의 회화, 조각품, 도자기, 가구, 장식품 등이 유난히 많은 이유는 프랑스 대혁명 당시 프랑스의 왕실과 귀족들이 혁명의 분위기를 타고 소장품들을 많이 팔았고 그 물건들이 영국의 왕실과 귀족 집안이 많이 사들였기 때문이라고 한다. 덕분에 런던 도심에서 프랑스 바로코 & 로코코 시대의 화려한 작품을 많이 만나볼 수 있다.

　남자 아이와 함께 월레스 콜렉션을 방문한다면 전쟁 무기들을 모아 놓은 전시실을 주목하자. 이곳에 소장된 갑옷 컬렉션은 보존 상태가 좋아서 가히 세계적인 수준을 자랑하고 있다. 영국을 비롯한 독일, 이탈리아, 프랑스 등 다양한 국가의 갑옷과 무기들을 볼 수 있다.

월레스 콜렉션

오래된 저택을 박물관으로 개조한 이곳은 하트포드 Hertford 후작 집안이 15~19세기에 수집한 예술작품을 전시해놓은 곳이다. 1897년 후손인 리차드 월레스 Sir Richard Wallace 경의 부인이 국가에 기증한 후 1900년부터 공개되었다.
18세기 프랑스 대혁명 이후에 사들인 회화, 가구, 무기, 갑옷, 도자기 등이 많지만 르네상스 시대의 수집품들도 간혹 볼 수 있다.
박물관에서 눈여겨볼 회화 작품으로는 이탈리아 화가 까날레토의 〈마르코 광장〉 그림들, 프랑스 화가인 장 오노레 프라고나르의 〈그네〉, 장 앙트완 와토의 〈추격 중의 휴식〉, 네덜란드 화가인 램브란트의 〈자화상〉 등이 있다.
소장품뿐만 아니라 25개의 섹션으로 나눠진 넓은 대저택의 인테리어를 보는 즐거움도 큰 곳이다.

주소 Hertford House, Manchester Square, London
홈페이지 www.wallacecollection.org **가격** 무료
운영시간 월~일 10:00~17:00(12월 24일~26일 휴무) **전철** Bond Street, Baker Street

아이와 함께 즐기는 월레스 콜렉션 "꿀팁"

01. 주말과 공휴일, 여름 시즌에는 패밀리 워크숍 참여하기

매달 다른 주제를 가지고 가족이 함께 참여할 수 있는 워크숍이 열린다. 특별한 교육 센터가 있는 것이 아닌 갤러리 내에서 이뤄지는 것이 특징이다. 프로그램이 진행되는 시간에 편하게 와서 액티비티에 참여할 수 있는 드랍인drop-in 프로그램이다. 워크숍 장소 문의는 0층의 인포메이션 데스크에서 하면 된다.

날짜 주말, 공휴일, 여름 시즌
시간 13:30~16:30(드랍인 이벤트)

02. 박물관 지하 카페, 레스토랑

지하에는 유리 천장의 햇살을 받으며 여유롭게 차를 즐길 수 있는 카페 및 레스토랑이 마련되어 있다. 살구빛이 도는 벽과 곳곳에 놓인 초록빛의 나무들이 고급스럽다. 이곳은 호텔급 서비스와는 달리 저렴한 가격에 티타임을 즐길 수 있는 곳이기도 하다. 29파운드의 합리적인 가격으로 애프터눈 티 세트를 맛볼 수 있다(단, 애프터눈 티는 오후 2시 30분에서 5시만 가능하다).

03. 편집숍의 끝판왕, 콘란숍

디자인, 리빙과 라이프스타일에 관심이 있다면 한 번쯤은 들어온 콘란숍. 이미 한국에도 상륙했지만 월레스 콜렉션에서 멀지 않은 곳에 런던점이 위치한다. 콘란숍은 영국의 인테리어 디자이너 테렌스 콘란 경이 1973년 설립한 라이프스타일 편집숍으로 기발한 제품들로 눈이 즐거워지는 곳이다. 상시 세일하는 제품이나 한국보다 더 저렴한 가격으로 득템하는 기쁨도 누릴 수 있는 곳이다.

주소 55 Marylebone High St, London 운영시간 월 11:00~17:00, 화~금 10:00~18:00, 토 10:00~19:00(일 휴무) 소요시간 박물관에서 도보로 약 9분

아이와 함께 가는 박물관 11

영국 중산층의 삶을 엿볼 수 있는 곳,
제프리 박물관 Geffrye Museum

제프리 박물관의 하이라이트는 단연코 건물 앞과 뒤의 정원이다. 박물관의 오픈 시간에 상관없이 일 년 내내 개방되는 건물 앞뜰은 도심 속의 오아시스라는 수식어가 어울릴 만큼 특별하다. 시끄러운 런던의 도심을 지나 박물관 대문으로 들어가는 순간 타임머신을 타고 영국의 저택에 온 듯한 착각마저 든다. 제프리 박물관은 아이들과 함께 구경하기 편한 곳 중의 하나다. 각 방을 설명해놓은 가이드 표지판이 어른용과 아이들용으로 나눠져 있는 곳이다. 한쪽은 어른을 위한 설명서, 다른 한쪽은 〈칠드런스 트레일 Children's trail〉이란 이름으로 아이들의 눈높이에 맞춘 설명서가 설치되어 있다. 아이와 방을 돌면서 함께 구경하고 이야기할 수 있는 것들이 많아서 소소한 재미를 느낄 수 있는 박물관이다.

박물관 앞뜰에서 세월의 흔적을 고스란히 느끼며 우아한 아름다움을 느낄 수 있다면, 뒤뜰의 허브 정원에서는 각종 허브들의 향연을 감상할 수 있다. 정원에는 전통적으로 장미와 백합을 비롯한 170여 개 이상의 서로 다른 식물과 허브들이 어우러져 있다. 또한 다양한 곤충과 나비, 새들이 함께 공존하는 곳으로 아이들에게도 좋은 생태체험장이 될 수 있다. 정원 한쪽에는 17세기부터 20세기에 유행했던 가든을 디자인해 놓은 곳도 있다. 각 세기에 유행했던 가든 디자인, 나무, 식물, 꽃 등의 모습을 볼 수 있다.

제프리 박물관

제프리 박물관은 영국 중산층 사람들의 가구와 실내장식을 볼 수 있는 곳이다. 18세기 빈민 수용소를 개조하여 1914년에 영국 실내양식 변천사를 기록하기 위한 박물관으로 탈바꿈했다. 총 11개의 방으로 구성되어 있는데, 1600년대 튜더시대부터 20세기 로프트 스타일 아파트 Loft-style apartment까지 이어진다. 주택양식을 비롯해 그 시대의 사회적 배경과 간단한 역사적 사실을 삽화와 함께 볼 수 있다. 각 시대의 건축물을 소개할 때는 건축 양식, 당시 유행하던 인테리어 양식, 조명, 난방, 수도, 위생, 정원 등 주택에 필요한 기본적인 제반 시설에 대한 설명도 잊지 않았다.

주소 136 Kingsland Rd, London **홈페이지** www.geffrye-museum.org.uk
가격 무료 **운영시간** 화~일 10:00~17:00(월 휴무 / 성 금요일, 12월 24일~26일, 1월 1일 휴무단, 뱅크 홀리데이 월요일은 10:00~17:00), 카페 운영시간 : 10:00~16:45
전철 Old Street, Hoxton

아이와 함께 즐기는 제프리 박물관 **"꿀팁"**

01. 어린이용 백팩 빌리기

만 5세 이하의 어린이들을 위한 백팩 대여가 가능하다. 백팩 안에는 주거공간과 관련한 어린이용 동화책, 박물관에서 찾을 수 있는 소품이 그려진 액티비티 카드, 퍼즐 등이 들어 있다. 박물관 개장 시간이면 언제든지 대여가 가능하고 신분증이나 신용카드를 보증금으로 맡기면 된다. 박물관을 돌면서 틈틈이 백팩 안의 소품들을 가지고 아이와 함께 즐거운 시간을 가져 보자. 똑같은 책을 읽더라도 집안에서만 볼 때와는 전혀 다른 생생함과 재미를 느낄 수 있을 것이다.

02. 주말과 방학에 즐기는 드랍인 워크숍

매주 토요일과 일요일, 여름방학 기간에는 아이들을 위한 드랍인 워크숍이 열린다. 꽃, 새, 나무 등의 그림이 그려진 종이에 색칠을 하는 것부터 시작해 과거 집 모양, 소품들을 색칠하고 오려서 만들 수 있는 액티비티 종이가 구비되어 있다. 오후 12시 30분부터 4시 30분에 열린다. 장소는 박물관 카페와 기프트숍 앞에 마련된 통로에서 진행된다.

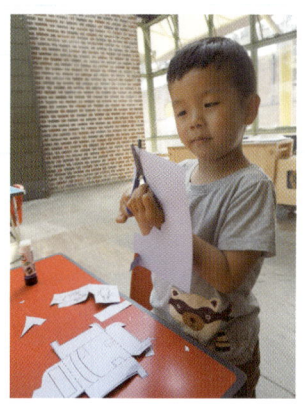

03. 트레일 지도와 함께 박물관 여행하기

박물관에는 실내와 실외를 탐험할 수 있는 3종류의 트레일 지도를 제공한다. '홈 갤러리 패밀리 트레일' 지도는 17세기 영국 사람들의 생활양식을 살펴볼 수 있는 지도이고 '룸 쓰루 타임 패밀리 트레일' 지도는 영국 집의 변천사를 살펴볼 수 있는 지도다. '미니 정원사 패밀리 트레일'지도는 박물관 정원에서 서식하는 동식물을 탐험하는 지도다.

PART 6

아이와 함께 가는 공원 및 놀이터

01 자전거 타고 맘껏 누벼보는, 배터시 파크
02 런던 도심의 허파, 하이드 파크
03 최고의 무료 놀이터가 있는, 켄싱턴 가든스
04 가장 오래된 왕립공원, 세인트 제임스 파크
05 템즈강을 바라보며 여유를 즐길 수 있는, 비숍스 파크
06 최고의 뷰를 자랑하는, 주빌리 가든 놀이터
07 장미처럼 낭만적인, 리젠트 파크
08 자연 속에서 자유로워라, 퀸 엘리자베스 올림픽공원 놀이터
09 신나고 알찬 반나절의 행복, 빅토리아 공원 놀이터
10 폐자재를 이용한 착한 놀이터, 킬번 그랜드 어드벤처 놀이터
11 농장도 보고, 레크레이션도 즐기고, 코람스 필드 놀이터

런던을 소개하는 책에 빠지지 않고 등장하는 것이 바로 공원일 만큼 런던의 공원은 특별하다. 왕실이 소유하고 있는 여덟 개의 왕립공원을 비롯해 런던 지역 곳곳에 산재해 있는 공원이야말로 영국의 역사를 알 수 있는 곳이자 진정한 런더너들을 만날 수 있는 장소이기도 하다. 아이를 키우는 엄마 입장에서 공원만큼이나 관심을 가졌던 곳은 바로 놀이터. 공원과 지역의 특성에 맞게 설치된 놀이터들은 한창 뛰어 놀아야 하는 아이에게 가장 좋은 친구가 된다. 한 템포 천천히 여행하는 사람들에게 꼭 필요한 장소인 공원과 놀이터를 소개한다.

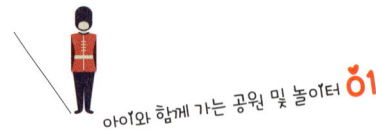
아이와 함께 가는 공원 및 놀이터 **01**

자전거 타고 맘껏 누벼보는,
배터시 파크 Battersea Park

배터시 파크에서 아이와 즐길 수 있는 장소

1. 공원에서 자전거 타기

다른 공원과 비교했을 때 유난히 자전거 타는 아이들을 많이 볼 수 있다. 첼시 게이트 Chelsea Gate 입구에 자전거 대여점이 있기 때문. 일반적인 바퀴 모양의 자전거부터 거의 누워서 타야 하는 리컴번트 자전거 Recumbent cycling, 귀여운 마차 바구니가 달린 자전거 등 다양한 종류의 자전거를 대여할 수 있다.

아이들에겐 단연 리컴번트 자전거가 인기. 자전거와 범퍼카를 연상시키는 디자인이라 많은 아이들이 이 자전거를 선호한다. 자전거 대여비는 한 시간에 8~10파운드. 아주 싼 금액은 아니지만 아이가 신나게 자전거를 타는 동안 엄마는 근처 잔디밭에 앉아서 책도 보고 런던의 진짜 여유를 즐길 수 있다.

대여 장소 북동쪽 첼시 게이트에서 도보로 약 5분 이내의 자전거 대여소
대여비 시간당 15파운드, 이후 시간이 초과될 경우 시간당 4~5파운드(전체 금액의 절반, 현금/카드 가능)
대여 방법 보증금 명목으로 신분증이나 본인의 신용카드를 맡겨놓아야 한다. 신분증은 자전거 반납 시 돌려준다. 대여할 때는 정확한 집주소와 연락처를 반드시 기입해야 한다. 미리 숙소의 주소와 연락처를 챙겨서 갈 것.
운행 시간 10:00~17:30, 마지막 대여 16:30

배터시 파크

런던 배터시 지역에 있는 공원으로 템즈강 남쪽, 첼시 지역을 마주보고 있다. 2존에 위치해 여행자들보다 런던 시민들의 여유로운 일상을 발견할 수 있는 곳이기도 하다. 가족 단위의 사람들이 즐겨 찾는 공원이라 다른 어떤 공원보다 어린이들을 위한 액티비티가 다양하다.

주소 Battersea Park, London **홈페이지** www.batterseapark.org **가격** 무료
운영시간 월~일 06:30~22:30 **전철** Bttersea Park, Queenstown Road
기타 매주 일요일, 런던 최대 규모의 벼룩시장인 카부츠 세일이 배터시 파크에서 열린다. (13:30~17:00)
관련 사이트 www.batterseaboot.com/about.html

2. 호수에서 배 타기

7월부터 9월에는 배터시 파크 호수에서 보트를 대여할 수 있다. 일반 보트와 페달 보트 대여가 가능하다. 9월은 날씨에 따라 보트 대여가 제한되니 참고하도록 하자. 보트 대여소 바로 옆에는 분위기 좋은 야외카페도 마련되어 있다. 간단한 음식 및 음료를 판매하고 있으며 외부음식 반입은 불가능하다.

개장일 7월부터 9월 (9월은 날씨에 따라 달라짐)
운영시간 10:30~18:00 **가격** 현금만 가능, 한 시간에 성인 8파운드, 어린이 4파운드, 30분에 성인 6파운드, 어린이 3파운드 (3세 이하 무료), 가족티켓(성인 2+어린이 2)은 30분에 15파운드, 한 시간에 20파운드

3. 배터시 파크 놀이터

공원에는 동, 서, 남, 북으로 입구가 하나씩 있다. 놀이터는 템즈강을 마주보고 섰을 때 서남쪽 썬 게이트Sun Gate로 들어가면 찾기 쉽다. 런던의 공원 놀이터 중에서는 꽤 규모가 크고 연령에 따라 놀 수 있도록 세 곳으로 나눠져 있다. 고학년을 위한 놀이터에는 고깔모자처럼 생긴 통나무집에 얼핏 봐도 10미터는 넘어 보이는 높고 긴 미끄럼틀이 설치되어 있다. 미끄럼틀 한 면은 암벽 등반을 할 수 있도록 만들어졌고, 중앙에 뚫려 있는 사각형의 작은 구멍은 아이들의 훌륭한 아지트가 되어준다. 고학년용 놀이터는 특별한 페인트칠을 하지 않고 자연 그대로의 모습을 유지하고 있다. 또 미끄럼틀이 달려 있는 또 다른 놀이 기구 안에 다양한 놀이시설이 연결되어 있다.

바로 옆 저학년용 놀이터는 다양한 캐릭터를 연상할 수 있도록 디자인되어 있다. 해적선, 기차, 자동차, 오리 등 아이들이 좋아하는 캐릭터에 페인트를 입혀 공간에 생기를 더한다. 놀이터에 빠질 수 없는 모래놀이도 한쪽에 따로 마련되어 있고, 간단한 스낵이나 차를 마실 수 있는 카페와 화장실도 잘 되어 있다.

4. 배터시 파크 어린이 동물원

자전거 대여점을 지나 조금만 위로 올라가면 공원 내에 어린이 동물원이 있다. 사자, 코끼리, 기린과 같이 대형 동물원에서 볼 수 있는 동물은 없지만 아이들의 호기심을 자극할 수 있는 동물, 새, 파충류 등을 만날 수 있다. 동물의 경우 수달, 곰, 여우원숭이, 토끼, 돼지 등 가까이에서 직접 먹이를 주거나 만질 수 있는 시간이 따로 정해져 있다. 동물원 안에는 전용 놀이터와 모래놀이 시설, 카페, 화장실 등이 있어 유아 동반 시 편리하다.

운영시간 여름 10:00~17:30, 겨울 10:00~16:30 가격 어른 10.95파운드, 어린이(2~15세) 8.95파운드, 가족(어른 2+어린이 2, 어른 1+어린이 3) 35.5파운드 동물 먹이 주는 시간 홈페이지 (www.batterseaparkzoo.co.uk) 참고 기타 트래블카드 소지자는 2 for 1 혜택 적용

5. 페스티벌 가든에서 사진 찍고 분수대에서 놀기

배터시 공원 안에는 크고 작은 가든이 있다. 그중 페스티벌 가든은 1951년 브리티시 페스티벌 Festival of British이 열렸던 장소이기도 하다. 가든 안에는 형형색색의 꽃들이 있고, 가든 옆에는 커다란 분수도 있다. 아이들의 좋은 물놀이 장소다. 아름다운 꽃과 시원한 분수대를 배경으로 찍은 멋진 사진 한 장. 평생 잊지 못할 추억이 될 것이다.

6. 꼬마 기차

7월부터 8월, 여름방학 기간에는 놀이터 옆에서 꼬마기차를 운영한다. 기차를 타고 공원 내에 있는 정원들을 돌아볼 수 있다. 어린 자녀가 있다면 추천한다.

타는 곳 어린이 놀이터 옆 공터 가격 어른 4파운드, 어린이(15세 이하) 2.5파운드, 가족(어른 2+어린이 2) 9파운드 (현금만 가능) 운영시간 7월·8월 여름방학 기간, 금~일 10:00~17:00

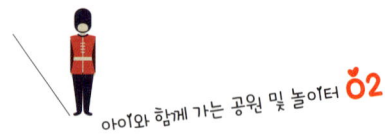

아이와 함께 가는 공원 및 놀이터 **02**

런던 도심의 허파,
하이드 파크 Hyde Park

하이드 파크에서 아이와 즐길 수 있는 장소

1. 하이드 파크 놀이터

사우스 캐리지 드라이브 South Carriage Drive를 따라 남쪽 경계에 위치하는 곳에 있으며 나이츠브리지 Knighsbridge 역에서 더 가깝다. 놀이터 입구에는 간단한 스낵을 판매하는 부스와 도시락을 먹을 수 있는 테이블도 마련되어 있다. 2014년에 놀이터를 리모델링하면서 기존의 시설에 자연을 느낄 수 있도록 다양한 꽃과 식물을 더 많이 심었다.

놀이터 안에는 미끄럼틀, 시소, 그네, 등반 프레임 등 기본적인 놀이시설을 갖추고 있고 자연적인 모습을 강조하기 위해 특정 놀이기구에는 기존 나무 색을 유지하는 대신 초록색 페인트를 칠했다. 덕분에 놀이터가 아닌 숲에 들어온 듯 한 착각이 들기도 한다. 놀이터 안에는 작지만 대나무 숲길도 만들어, 런던 놀이터에서 느낄 수 없는 색다른 경험을 할 수 있다.

운영시간 05:00~24:00
(12월 25일 휴무)

하이드 파크

런던 여행을 계획하기 위해 지도를 펼치면 도심 중앙에 엄청난 녹지대가 있는 것을 발견할 수 있다. 바로 하이드 파크인데 오른쪽은 하이드 파크이고 왼쪽은 켄싱턴 공원이다. 140만 제곱미터에 달하는 규모 덕분에 공원 근처에 전철역이 세 곳이나 된다. 런던 여행 중 공원을 방문한다면 가장 쉽게 접근할 수 있는 공원일 것이다.

주소 Rangers Lodge, Hyde Park, London
홈페이지 www.royalparks.org.uk/parks/hyde-park **가격** 무료
운영시간 월~일 05:00~24:00 **전철** Knightsbridge, Hyde Park Corner, Marble Arch

2. 장미 가든에서 사진 찍기

하이드 파크 안에도 장미정원이 있다는 것을 아시는지? 리젠트 공원의 규모와는 비교하기 힘들지만 공원 입구 한편에 작은 장미 가든이 있다. 하이드 파크 코너역에 내려서 공원 안으로 약 3~4분 걸어가면 작은 가든이 나타나는데 가든 안에는 작은 분수대를 중심으로 여러 종류의 장미와 꽃들이 즐비하다. 꽃이 피는 시기는 대략 5월에서 7월까지이며 활짝 만개한 꽃을 보기 위해선 6월 이전에 가는 것이 좋다.

3. 다이애나 메모리얼 분수

평소 아이들을 좋아했던 다이애나비의 마음을 기리기 위해 2004년 7월, 공원 안에 대형 분수를 조성하였다. 서펜타인 갤러리에서 동쪽으로 호수를 따라 5분 정도 걸어가면 쉽게 찾을 수 있다. 넓은 잔디밭 위에 화강암으로 만들어진 커다란 고리 모양의 분수에서 끊임없이 물이 흘러나온다. 분수 안의 바닥은 곳곳에 다른 표면 처리를 해서 어떤 곳은 경사가 져 있고 어떤 곳은 울퉁불퉁하다. 커다란 띠 모양의 분수가 결코 단조롭지 않은 이유이다. 아이들이 노는 동안 부모들은 분수 주변에서 여유로운 시간을 보내기 좋다.

운영시간 4월~8월 10:00~20:00, 9월 10:00~19:00, 3·10월 10:00~18:00
11·2월 10:00~16:00

4. 서펜타인 바 & 키친 근처

하이드 파크 코너역에서 내려 공원의 큰 길을 따라 약 8분 정도 올라가면 유명한 서펜타인 바&키친 레스토랑이 나온다. 호숫가를 바라보는 한쪽 면이 통 유리로 되어 있어 분위기가 좋다. 아이들에겐 아이스크림의 달콤함을, 엄마에겐 차 한 잔 여유를 선사하는 행복한

장소다. 레스토랑 바로 앞 호수에서는 백조와 오리 떼가 상시 출몰한다. 평소 오리는 봤지만 백조가 걸어 다니는 건 못 봤다 하시는 분들, 이곳으로 오시라! 성큼성큼 걸어 다니는 백조의 씩씩한 모습을 목격하게 될 것이다.

5. 호수에서 배 타기

4월부터 10월까지 하이드 파크 호수에서 보트를 대여할 수 있고 일반 보트와 페달 보트 대여가 가능하다.

운영시간 오전 10시부터 일몰 시간까지
(봄, 가을은 4시 전후, 여름은 8시까지)
가격
한 시간: 성인 12파운드, 15세 이하 어린이 6파운드, 가족(성인 2+어린이 2) 32파운드
30분: 성인 10파운드, 15세 이하 어린이 4.65파운드, 가족(성인 2+어린이 2) 26.5파운드

6. 자전거 대여

하이드 파크와 켄싱턴 가든스 내에는 서울시의 '따릉이'와 같은 무인 자전거 대여소가 열 군데 있다. 자전거 대여비는 2파운드이며 30분 이내에 자전거를 반납하면 무료, 30분을 초과하면 2파운드가 더 부과된다. 무인 자전거 대여소는 런던 시내 곳곳에서도 발견할 수 있으며 30분을 초과하지 않는 범위에서 자유롭게 자전거로 런던을 여행해보자.

참고 14세 이상 이용 가능

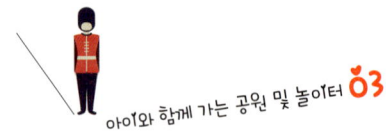

최고의 무료 놀이터가 있는,
켄싱턴 가든스 Kensington Gardens

켄싱턴 가든스에서 아이와 즐길 수 있는 장소

1. 다이애나 메모리얼 놀이터 Diana Memorial Playground

하루에도 수천 명의 관광객이 찾는 켄싱턴 가든스 안에 아이들을 위한 비밀의 섬이 있다는 것을 알고 있는지? 아마도 런던에서 가장 유명한 놀이터가 아닐까 싶은 이곳은 평소 아이들을 사랑했던 다이애나비를 추모하여 2000년 6월에 세워진 어린이 놀이터이다.

퀸즈웨이 Queensway 전철역에서 내려 켄싱턴 가든스로 들어가면 가장 찾기 쉬우며 일반 놀이터와 달리 입구에 스태프가 놀이공원처럼 사람들의 인원수를 체크하는 것이 독특하다.

매년 백만 명 이상의 사람들이 방문할 만큼 무료 놀이터 시설은 가히 최고라 할 수 있다. 놀이터의 콘셉트는 피터팬에서 따왔다. 문을 열고 들어가면 실제 크기일 것 같은 커다란 해적선에 아이들은 눈이 휘둥그레지고 부모들 역시 감탄사를 연발하게 된다. 해적선에 올라가고 줄을 타고, 배를 탐험하는 것 자체로 아이들에게 큰 즐거움을 가져다준다. 해적선 주변에는 밀림을 형상화하여 열대 나무들을 심어놓았고 해적선 주변으로는 모래놀이를 할 수 있는 시설과 작은 펌프가 마련되어 있다. 모래사장을 잘 관찰하면 보물함도 있고 악어 모양으로 만들어진 돌계단도 발견할 수 있다.

중앙의 해적선을 중심으로 여러 개의 공간이 나눠져 있는데 큰 어린이들이 놀 수 있는 놀이터와 작은 어린이들이 놀 수 있는 놀이터가 나눠져 있다. 출구와 입구는 하나이고 놀이

켄싱턴 가든

한때 켄싱턴 궁전의 개인정원이었던 곳으로 런던의 왕립공원 중 하나에 속한다. 중앙에 흐르는 서펜타인 호수를 중심으로 오른쪽은 하이드 파크, 왼쪽은 켄싱턴 가든스로 나뉜다. 근처에 위치한 왕립공원(하이드 파크, 세인트 제임스 파크, 그린 파크)과 비교했을 때 인위적인 느낌이 강하지만 넓은 잔디밭과 인간 중심적으로 설계된 공원 디자인은 시민들에게 더 편리함을 제공해주기도 한다.

주소 Baywater Rd, London **홈페이지** www.royalparks.org.uk/parks/kensington-gardens **가격** 무료 **운영시간** 월~일 06:00~해 질 녘까지 **전철** Lancaster Gate, Queensway, Bayswater

터를 순찰하는 스태프가 있기 때문에 아이가 놀이터 밖으로 나가거나 잃어버릴 염려는 없다. 하지만 놀이터에 들어서는 순간 사라져 버리는 아이들이 있으니, 주의할 것!

놀이터 안에 화장실과 피크닉을 즐길 수 있는 장소가 구비되어 있어 도시락을 싸서 소풍나온 런던의 엄마, 아빠들을 쉽게 만날 수 있다. 이곳에 올 때는 동네 놀이터에 간다는 생각보다는 놀이공원에 간다는 생각을 하고 넉넉히 시간을 배분하면 좋겠다.

Tip

❶ 놀이터 중앙에 물놀이 시설이 있기 때문에 여분의 옷을 챙기는 것은 필수!
❷ 무료 놀이터이지만 시설만큼은 유료에 뒤쳐지지 않는다. 넉넉히 시간 보낼 생각을 하는 게 좋다.
❸ 놀이터 바로 앞에 간단한 음식을 먹을 수 있는 카페테리아가 있지만 주로 5~10파운드 선이고 샌드위치 종류가 대부분이다. 놀이터 안에 음식물 반입이 가능하니 근처 마트에서 음식이나 음료수를 미리 준비해서 들어가자.
❹ 놀이터 안에 벤치가 있지만 많은 편은 아니다. 편하게 앉고 싶은 사람들은 돗자리를 하나 준비하는 것도 좋다.
❺ **운영시간** 5월~8월 10:00~19:45 / 4월, 9월 10:00~18:45 / 3월, 이른 10월 10:00~17:45 / 2월과 늦은 10월 10:00~16:45 / 11월~1월 10:00~15:45 (12월 25일 휴무)

2. 켄싱턴 궁전 Kensington Palace

원래 노팅햄 가문의 백작이 머물던 저택을 윌리엄 3세가 건강상 요양을 위해 사용하면서 1605년 이후부터 왕실 궁전으로 사용하였다. 초기 건물의 목적이 궁전이 아니었기 때문에 외부가 화려하지 않으나 이후 세인트 폴 대성당을 설계한 크리스토퍼 랜이 건물을 개축하면서 화려한 내부의 모습을 갖추게 되었다. 1819년 빅토리아 여왕이 여기서 태어났고 한때 고(故) 다이애나 왕세자비가 거주했다.

궁전 전시실 안에서는 왕실 의례복 컬렉션, 왕과 왕비의 거처 공간 등 당대 최고의 인테리어와 건축양식을 살펴볼 수 있다. 궁전 옆에 위치한 산책로는 프랑스 정원을 연상시킨다. 일정한 간격으로 정갈하게 심어놓은 나무와 꽃이 깔끔하다. 켄싱턴 궁전 입장료를 내지 않았어도 산책로는 무료로 관람할 수 있다.

홈페이지 www.hrp.org.uk/KensingtonPalace 운영시간 3월~10월 10:00~18:00 /
11월~2월 10:00~17:00(마지막 입장은 폐장시간 한 시간 전까지), (12월 24일~26일 휴무)
가격 여름(3월~10월)은 성인 25.4파운드, 어린이(15세 이하) 12.7파운드 /
겨울(11월~2월)은 21.5파운드, 16세 이하 무료

3. 서펜타인 갤러리 Serpentine Gallery

켄싱턴 가든과 하이드 파크 경계에 위치한 현대 갤러리로 해마다 진행되는 세계 최고 건축가의 파빌리온 프로젝트는 꼭 한 번 관람해볼 것 (서펜타인 갤러리에 대한 정보는 110p 참고).

4. 이탈리안 가든 Italian Gardens

켄싱턴 가든스의 북쪽, 랭커스터 게이트 근처에 위치한 정원은 150년 이상의 역사를 가진 이탈리아식 정원이다. 알버트 공이 빅토리아 여왕에게 선물로 준 공원으로 추정된다. 정원 안에는 이탈리아에서 가져온 카라라 carara 대리석으로 둘러싸인 네 개의 분수 연못이 대칭적으로 놓여 있어, 전형적인 이탈리안 가든의 모습을 볼 수 있다. 자연스러움을 추구한 영국의 정원 속에서 잘 정리된 이탈리안 가든을 관람하는 재미가 색다르다. 정원 근처에는 작은 카페테리아와 화장실도 있다.

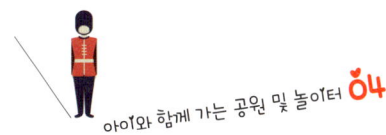

아이와 함께 가는 공원 및 놀이터 **04**

가장 오래된 왕립공원,
세인트 제임스 파크 St. James Park

세인트 제임스 파크에서 아이와 즐길 수 있는 장소

1. 세인트 제임스 파크 놀이터

버킹엄 궁전 쪽이자 공원의 서쪽에 위치한다. 놀이터 바로 옆에 이동식 카페테리아가 있어 간단한 음료 및 음식을 사먹을 수 있다. 다른 공원 안에 있는 놀이터만큼 큰 규모를 자랑하지는 않지만 아이들이 좋아하는 놀이기구는 모두 갖추었다. 크고 무성한 나무로 둘러싸여 있어 더운 날에도 시원한 그늘 아래서 아이들이 신나게 뛰어놀 수 있다. 놀이터에 들어서면 중앙에 커다란 모래놀이터가 나타난다. 중앙의 모래놀이터를 중심으로 그네, 미끄럼틀, 시소 등이 마치 숨바꼭질을 하듯 나무 사이에 숨어 있다. 관리인이 상주하는 곳이라 안전하지만 공원 폐장시간보다 빨리 문을 닫으니 참고할 것.

운영시간 07:00~22:00

세인트 제임스 파크

런던에 있는 가장 오래된 왕립공원이다. 원래 습지였던 곳을 헨리 8세가 사냥터로 사용하기 위해 물을 빼내고 공원을 만들었다. 이후 찰스 2세 때 새 단장 후 시민들을 위한 공원으로 개장했다. 영국 근위기병대 사령부(로열 호스가드)와 트라팔가 광장, 버킹엄궁이 인근에 있어 도보로 이동하기 좋은 위치에 자리 잡고 있다.

주소 London SW1A 2BJ **홈페이지** www.royalparks.org.uk/parks/st-jamess-park
가격 무료 **운영시간** 월~일 05:00~24:00(일요일과 공휴일 08:00~해 질 녘까지)
전철 St.James's Park, Westminster

2. 퀸 빅토리아 메모리얼과 버킹엄 궁전

공원의 서쪽 출구로 나가면 바로 퀸 빅토리아 메모리얼 광장과 버킹엄 궁전을 만날 수 있다. 퀸 빅토리아 기념비는 1901년 빅토리아 여왕의 죽음을 기념하기 위해 버킹엄 궁전 앞에 세워진 거대한 기념비이다. 높이 25미터에 흰색 대리석이 사용되었다. 기념비는 용기, 불변성, 사랑, 진리와 어머니를 상징한다.

버킹엄 궁전은 역대 왕들이 지내던 궁전이다. 1703년 버킹엄 공작 존 셰필드의 저택으로 세워진 것을 1761년에 조지 3세에게 양도하였다. 1837년 빅토리아 여왕의 즉위식 때 궁전으로 격상된 이후 역대 군주들이 상주하였다.

근위병 교대식은 6, 7월은 매일 오전 11시, 나머지 달에는 월, 수, 금, 일 오전 11시에 열린다. 매일 수많은 인파가 모이기 때문에 좋은 자리를 차지하기 위해선 행사 시작 30분 전에는 도착해야 한다. 버킹엄 궁전 앞마당에서 시작하며 약 45분 정도 소요된다.

3. 멋진 풍경을 배경으로 사진찍기

공원의 중앙에 위치하는 블루 브리지 The Blue bridge는 남과 북을 이어주는 다리이자 가장 멋진 뷰를 감상할 수 있는 장소이다. 낮은 아치형 콘크리트 위에 밝은 파란색 창살로 이루어져 있다. 공원 내 호수의 물새를 볼 수 있는 장소이자 서쪽으로는 버킹엄 궁전, 동쪽으로는 근위기병대 사령부, 빅벤, 런던 아이를 볼 수 있다. 세인즈 제임스 파크역에서 내려 가장 가까운 문으로 들어가면 블루 브리지를 쉽게 찾을 수 있다.

4. 오리 섬 근처에서 펠리컨과 청솔모 만나기

오리 섬 Duck Island은 세인트 제임스 파크 동쪽 끝에 있는 작은 섬으로 공원 내 조류들의 서식처이다. 1665년에 지어진 이 섬은 엽조 wildfowl를 비롯하여 백조, 펠리컨, 오리 등 다양한 새들의 서식처이기도 하다. 공원에서 흔히 볼 수 있는 펠리컨은 1664년 러시아 대사로부터 선물을 받은 이후 처음으로 영국에서 서식하게 되었다. 매일 오후 2시에서 3시 사이 덕 아일랜드 코티지 Duck Island Cottage에서 공원 관리사가 펠리컨에게 먹이를 주는 모습을 발견할 수 있다.

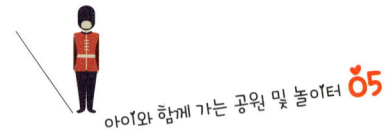
아이와 함께 가는 공원 및 놀이터 05

템즈강을 바라보며 여유를 즐길 수 있는,
비숍스 파크 Bishops Park

비숍스 파크에서 아이와 즐길 수 있는 장소

1. 비숍스 파크 놀이터

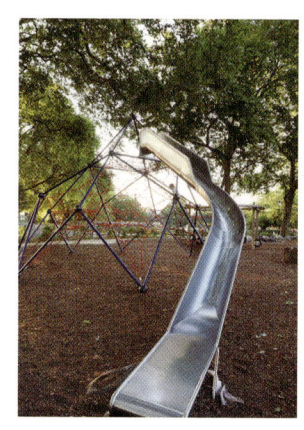

공원 정중앙에 어린아이부터 청소년이 함께 여가를 즐길 수 있는 놀이터가 마련되어 있다. 여느 런던의 놀이터와 마찬가지로 연령에 따라 2개로 분리되어 있다. 어린 연령대를 위한 놀이터에는 미니기차를 비롯한 미끄럼틀, 그네, 시소 등 기본적인 시설이 마련되어 있다. 바로 옆에는 있는 고학년 아이들을 위한 놀이터에는 높은 정글짐이 있다. 커다란 거미를 연상시키는 이 정글짐의 꼭대기까지 올라가면 기다란 미끄럼틀이 연결되어 있다.

폐타이어를 재활용하여 그네처럼 놀이기구를 만들어 놓기도 했다. 놀이터의 구성이 다양하지는 않지만 주변의 자연과 어우러져 하나의 작품과 같은 느낌을 받을 수 있는 곳이다. 중앙에는 놀이터뿐만 아니라 청소년을 위한 농구대, 탁구대, 보드 연습장, 등 야외에서 즐길 수 있는 레크레이션 시설이 많다. 지역 주민들의 훌륭한 여가공간으로 활용되는 곳. 놀이터 맞은편에는 공공 화장실이 있다.

2. 모래놀이와 물놀이 Beach and Waterplay

중앙의 놀이터 옆에는 특별한 공간이 있다. 마치 바닷가 해변에 온 듯한 착각을 들게 만드는 모래놀이와 물놀이 장소이다. 모래놀이터 바로 옆에 다양한 물줄기를 뿜어대는 분수가 있어 아이들은 너나 할 것 없이 수영복만 입은 채 물놀이와 모래놀이에 집중하고 있다. 모래놀이에 필수적인 요소인 물이 바로 옆에서 공급되기 때문에 바다 해안가 못지않게 재밌는 모래놀이를 할 수 있다. 아이들이 무엇을 좋아하는지 꿰뚫고 있는 사람이 디자인한 것 같은 놀이터다. 모래놀이터와 분수 사이에는 나지막한 나무 벤치가 놓여 있어 부모들은 이곳에 앉아서 아이들을 지켜볼 수 있다. 모래놀이터 반대쪽에는 작은 연못과 피크닉을 할 수 있는 장소도 마련되어 있어 날씨 좋은 날 소풍가기 딱 좋은 공원이다.

운영시간: 10:00~18:00 (6월~8월 여름 기간)

비숍스 파크

런던 남서부 풀럼 Fulham 지역에 있는 공원으로 1893년에 설립되었다. 공원은 안에는 풀럼 지역의 최고 책임자였던 존 허튼 John Hutton 경의 개인 소유지가 포함되어 있는데 이후 풀럼 지역위원회에 위임되어 공공을 위한 장소로 사용되었다. 1976년 공포 영화 〈오멘〉의 영화 촬영지이기도 한 이곳은 남서부 지역인들의 여가를 책임지는 공원의 역할을 충실히 수행하고 있다.

주소 Bishop's Avenue, London **홈페이지** www.friendsofbishopspark.com **가격** 무료
운영시간 개장 시간은 새벽부터이고 폐장 시간은 매월 다름(11월~2월 19:00, 3월 19:30, 4월 20:30, 5월~7월 22:00, 8월 21:30, 9월 21:00, 10월 20:30) **전철** Putney Bridge

3. 풀럼 궁전 방문하기

11세기 중세시대부터 1970년대까지 런던 주교의 여름궁전으로 사용되었다. 궁전에는 다양한 건축 양식이 사용되었다. 특히 궁전 안의 정원은 영국에서 가장 긴 해자로 둘러싸여 있다. 현재 주요 건물은 17세기 이후의 것들이며 19세기에 재건축되었다. 궁전 안에 있는 작은 박물관에서는 스테인드글라스, 조각작품, 미술작품, 책, 소품 등 궁전의 역사가 담긴 전시물들을 감상할 수 있다. 궁전 옆에 있는 정원은 무료 입장임에도 불구하고 영국의 가드닝을 살펴보기에 더없이 좋은 장소. 조경을 위해 사용될 뿐만 아니라 궁전 안 레스토랑의 식자재로도 사용된다.

홈페이지 www.fulhampalace.org
운영시간 궁전 10:30~17:00, 가든 새벽부터 해지기 전까지
기타 궁전 내 드로잉룸 카페 여름은 매일 09:30~17:00, 겨울은 매일 10:00~16:00
궁전 내 월드 가든 Walled Garden 여름은 매일 10:15~16:15, 겨울은 매일 10:15~15:45

4. 템즈강 바라보며 산책하기

직사각형 모양으로 생긴 비숍스 파크 옆으로 템즈강이 유유히 흐른다. 강을 바라보며 산책할 수 있도록 산책로가 아주 잘 조성되어 있다. 강에서 요트를 타는 사람들도 쉽게 발견할 수 있다. 강을 바라보고 앉을 수 있는 벤치도 곳곳에 설치되어 있어 조용히 산책하기에는 최고의 장소이다.

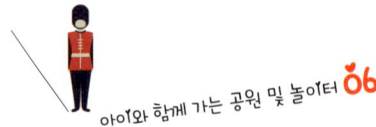 아이와 함께 가는 공원 및 놀이터 06

최고의 뷰를 자랑하는,
주빌리 가든 놀이터 Jubilee Garden Playground

　놀이터 안에는 커다란 목재구조로 이루어진 놀이시설이 두 개로 나뉘져 있다. 하나는 목재를 엉성하게 쌓아서 사다리로 만들어놓은 구조고 다른 하나는 목재가 세워진 기둥을 중심으로 로프 그물을 설치해 목재와 목재 사이를 건너는 구조다. 놀이터의 사용 연령이 만 5세 이상으로 되어 있는데 그도 그럴 것이 몇몇 기구를 제외한 커다란 놀이기구는 굵고 커다란 목재들 사이사이를 요령껏 건너며 노는 것이어서, 키가 작거나 다리가 짧은 아이들에겐 위험할 수도 있다. 또 기다랗게 이어진 목재 사다리는 앞으로 갈수록 점점 경사가 높아지는 구조로 되어 있다. 가장 끝에 달려 있는 사다리의 높이는 성인 남자 키보다 높아서 연령대가 낮은 아이들이 놀기엔 힘들 수도 있다. 아이들의 키보다 훨씬 높은 사다리 아래에 굵은 로프 그물이 설치되어 있지만 너무 엉성하기도 하고 그물이 또 하나의 놀이기구 역할을 하기 때문에 안전장치로 생각하기는 힘들다.

주빌리 가든 놀이터

런던에서 가장 멋진 뷰를 가진 놀이터를 꼽으라면 단연코 주빌리 가든 놀이터를 꼽겠다. 런던의 복합문화 예술공간인 사우스뱅크 센터에서 런던 아이 방향으로 약 300미터를 걸어가면 주빌리 가든이 나온다. 사람들이 잔디밭에 삼삼오오 모여 여유를 즐기고 있는 모습을 볼 수 있다. 잔디밭 너머 공원 한편에 푸른색 인공잔디가 깔린 놀이터가 있다. 다른 놀이터 시설과는 달리 거대한 긴 목재나무들이 서로 엉켜져 있거나 포개져 있다. 마치 숲 속 탐험을 하러 온 것 같은 착각이 들 정도로 흥미롭다.

주소 Belvedere Rd, London **홈페이지** www.jubileegardens.org.uk
가격 무료 **운영시간** 항상 **전철** Waterloo, Embankment, Westminster

하지만 만 5세 이상의 아이들에겐 더할 나위 없이 훌륭한 놀이터이다. 우선 일반적인 놀이터에서 볼 수 없는 놀이기구라 아이들의 호기심을 끌기에 충분하다. 나무 사이를 건너고 밧줄을 타는 등의 놀이가 아이들에겐 커다란 모험을 하는 듯한 기분을 줄 수 있다. 여자아이들도 물론 좋아하지만 남자아이들에게 더 인기가 많은 주빌리 가든 놀이터. 색다른 놀이시설을 경험해보고 싶거나 런던 아이를 배경으로 멋진 사진을 찍고 싶다면 주빌리 가든 놀이터를 꼭 방문해보자. 놀이터에서 찍은 사진이 이렇게 멋질 수 있다니, 놀라게 될 것이다.

Tip

❶ 놀이터 사용연령이 만 5세부터 11세로 정해져 있다. 아주 어린 아이들에겐 다소 위험할 수 있으니 주의할 것.
❷ 런던 아이 사진을 제대로 찍고 싶다면 주빌리 가든에서 찍는 게 좋다.
❸ 주빌리 공원에서 템즈강을 따라 올라가면 런던 아이, 사우스뱅크 센터, 테이트 모던까지 천천히 걸어서 갈 수 있다. 일정을 짤 때 참고하면 좋다.
❹ 주빌리 공원 안에는 화장실이 없으니 사우스뱅크 센터를 이용하도록 하자.

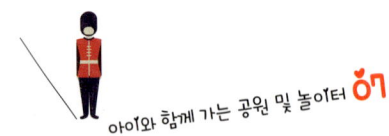

장미처럼 낭만적인,
리젠트 파크 Regent's Park

리젠트 파크에서 아이와 즐길 수 있는 장소

1. 리젠트 파크 놀이터

공원 안에는 총 4곳의 놀이터가 있는데 그중 하노버 게이트 Hanover Gate 놀이터와 메릴본 그린 Marylebone Green 놀이터를 소개한다. 하노버 게이트 놀이터는 공원의 서남쪽에 위치하며 놀이터 근처에 호수를 바라보며 차를 마실 수 있는 카페가 마련되어 있다. 놀이터는 고학년용과 저학년용으로 나눠져 있다. 고학년용 놀이터는 커다란 나무를 중심으로 놀이 시설이 양방향으로 뻗어져 있었는데 놀이시설에 특별한 색을 입히지 않아 주변의 자연환경에 동화되는 느낌이 든다. 휴양지 느낌을 물씬 풍기는 해먹 침대를 비롯해, 경사가 높은 암벽 등반대, 흔들다리 등 좀 더 힘을 쓰고 모험을 즐길 수 있는 놀이기구들로 이루어져 있다.

저학년용 놀이시설은 놀이터 안쪽에 있고 놀이기구에 파랑과 노랑 페인트로 포인트를 줘 활기찬 분위기를 연출한다. 놀이기구 옆에는 모래놀이 장소가 따로 마련되어 있다. 하루에도 몇 번씩 내리는 비를 피할 수 있는 간이휴게실은 열심히 놀고 있는 아이들을 기다리는 부모들의 좋은 휴식처가 되어준다. 특이하게도 놀이터 안에 어린이 전용 화장실이 있어 매우 편리하다.

메릴본 그린 놀이터는 최근에 생긴 놀이터로 공원의 남동쪽에 위치한다. 놀이터는 크게 3개의 테마로 나눌 수 있다. 전통존에는 일반적인 놀이터에서 볼 수 있는 놀이기구 시설을 설치해놓았고 아트존에는 런던의 프리즈 아트쇼에서 영감을 얻어 나선형 콘크리트와 슬라이드 암벽 등반을 설치해놓았다. 자연존에는 버드나무 터널과 암석과 목재 덤블을 설치해 자연의 기운을 더 느낄 수 있도록 디자인했다.

운영시간 매월 폐장시간이 다르다. 항상 새벽 5시에 문을 열고 겨울(11·12·1월)에는 오후 4시 무렵, 4월부터 8월까지는 저녁 7시30분에 문을 닫는다.

리젠트 파크

왕실의 공원 중 하나로 런던 도심에서 가장 큰 공원이다. 런던 도심의 북쪽에 위치해서 관광객보다는 런던 시민들이 많이 찾는다.

주소 Chester Rd, London **홈페이지** www.royalparks.org.uk/parks/the-regents-park
가격 무료 **운영시간** 항상 **전철** Regent's Park, Baker Street
기타 공원 내 런던 동물원 이용요금은 성인 35.5파운드, 15세 이하 어린이 23.1파운드
관련 사이트 www.zsl.org/zsl-london-zoo
기타 야외극장 공연Open Air Theatre은 매년 5~9월 사이에 열린다.
관련 사이트 www.openairtheatre.com

2. 어린이용 보트 연못 Children's Boating Pond

리젠트 파크에는 어른을 위한 보트뿐만 아니라 어린이를 위한 보트를 대여할 수 있다. 어린이용 연못은 놀이터 근처에 있는 작은 연못으로 어른 없이 아이 혼자서 보트를 탄다. 키가 최소 70센티미터 이상인 어린이면 가능하고 작은 연못 안에 어린이들끼리만 보트를 타도 연못 수심이 낮아 안전하다.

운영시간 11:00~19:00
어린이 보트 가격 20분당 4.75파운드(보증금 5파운드)
어른 및 가족 보트 가격
한 시간: 어른 11.75파운드, 어린이 5.75파운드
30분: 어른 9.70파운드, 어린이 4.45파운드
12시 이전에 탈 경우
어른 7.75파운드, 어린이 4.70파운드
30분: 어른 6.20파운드, 어린이 3.1파운드
가족 티켓(어른 2명, 아이 3명까지)
한 시간: 31.5파운드

3. 퀸 메리 가든 Queen Mary Garden

리젠트 공원에서 가장 유명한 장미정원. 5월~6월에 가면 80여 종이 넘는 1만 2천 송이의 장미를 만날 수 있다. 7월 초 정도에 가면 이미 한때를 지난 장미들과 새로 피어나는 장미들이 한데 어우러져 있다. 활짝 만개한 장미를 보길 원한다면 6월 이전에 가는 게 좋다. 아이들과 장미꽃이 만발한 정원에서 예쁜 가족사진을 찍고 싶다면 꼭 방문해야 할 필수 장소다.

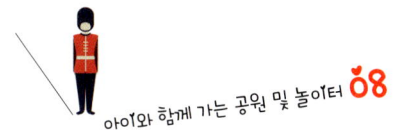

자연 속에서 자유로워라, 퀸 엘리자베스 올림픽공원 놀이터 Queen Elizabeth Olympic Park Playground

피크닉 하기 좋은 곳, 플레저 가든

올림픽공원 안에는 영국에서 가장 규모가 큰 공공예술품이자 전망대인 아르셀로미탈 궤도 ArcelorMittal Orbit 조형물이 있다. 조형물을 중심으로 근처에는 시민들이 산책할 수 있는 산책로를 비롯해, 다양한 디자인의 벤치들이 놓여 있다. 또한 아이들이 놀 수 있는 놀이터도 마련되어 있다. 정식 명칭은 플레저 가든 Pleasure Gardens. 놀이터의 바닥은 붉은색의 탄성 포장으로 마감이 되어 충격을 흡수할 수 있고 암벽등반을 할 수 있는 놀이기구는 미끄럼틀과 연결되어 있다. 다양한 경사로 세워져 있는 나무 목재 사이에 걸려있는 긴 루프 밧줄의 흔들다리는 아이들에게 인기 만점이다. 놀이터에 빠질 수 없는 모래놀이 공간 역시 따로 마련되어 있었다.

올림픽공원 안에서 제대로 된 놀이터를 가고 싶다면 텀블링 베이 어드벤처 놀이터 Tumbling bay adventure playground를 가야 한다. 올림픽공원을 대표하는 어린이 놀이터이자 가장 규모가 큰 곳이다. 실제 자연환경 속에서 뛰어노는 기분을 느끼게 하는 게 이 놀이터의 콘셉트. 도시 안에서 자연을 느끼기에 안성맞춤이다. 그럼에도 플레저 가든 놀이터를 추천하는 이유는 놀이터 근처에 있는 분수 때문이다. 놀이터에서 도보로 약 1~2분 아르셀로미탈 궤도가 보이는 곳으로 걸어가면 바닥 분수가 나타난다.

커다란 광장 아래 195개의 개별 구멍 아래에서 지그재그 모양, 혹은 원형 모양, S자 모

퀸 엘리자베스 올림픽공원 놀이터

퀸 엘리자베스 올림픽공원은 2012년, 30회 런던올림픽을 개최하기 위해 런던의 재개발 지역인 스트랫포드 시티 Stratford City에 설립된 대형 올림픽공원이다. 올림픽경기장을 비롯한 선수촌 등 올림픽을 위한 제반시설이 갖추어져 있다. 올림픽 폐막 후 엘리자베스 2세 여왕의 즉위 60주년을 기념하여 퀸 엘리자베스 올림픽공원으로 부르게 되었다.

퀸 엘리자베스 올림픽공원이 여타 올림픽공원과 다른 점은 올림픽 이후 공원의 활용도이다. 단순히 시민공원으로서가 아닌 새로운 주거공간을 위한 공원으로 탈바꿈하였기 때문이다. 올림픽선수촌으로 사용되었던 아파트는 기존 집값보다 저렴한 가격으로 런던 시민들에게 제공되었다. 아파트를 중심으로 주민을 위한 병원시설과 자녀들을 위한 학교, 공원 및 체육시설, 쇼핑단지가 초기 계획 단계부터 함께 구성되었다고 한다. 막대한 예산으로 지어진 올림픽공원이 행사가 끝난 후 제구실을 하지 못한 채 버려지는 경우가 많은 것을 감안하면, 이곳의 사례는 매우 모범적이다. 초기 단계부터 모든 것을 고려하여 계획한 영국 정부의 주도면밀함에서 선진국답다는 생각이 들게 한다.

주소 London E20 2ST **홈페이지** www.queenelizabetholympicpark.co.uk **가격** 무료
운영시간 항상 **전철** Stratford, Stratford International

양의 디자인에 따라 일정한 시간을 두고 물줄기가 뿜어져 나온다. 뜨거운 런던의 여름을 시원하게 해주는 장소이자 도심에서 즐길 수 있는 최고의 물놀이 장소다. 바닥에서 올라오는 물줄기는 동시다발적으로 올라오기도 하고, 순차적으로 올라오기도 하는데 아이들은 물이 있다는 것만으로도 충분히 행복하다. 수십 명의 아이들이 물줄기를 찾아 이리저리 뛰어다니고 깔깔거리는 모습은 보는 사람도 덩달아 행복한 미소를 짓게 만든다. 특별한 놀이기구 없이 다양한 물줄기만으로도 아이들은 몇 시간을 그곳에서 즐겁게 보낼 수 있다.

광장 분수 옆에는 쉴 수 있는 벤치가 많아 아이와 함께 온 부모들 역시 벤치에 앉아 여름을 만끽할 수 있다. 시원한 물줄기를 맞으며 여름을 보내고 싶다면 퀸 엘리자베스 올림픽공원으로 가보자. 놀이터와 분수가 아이들에게 최고의 놀이공간을 제공해줄 것이다.

> **Tip**
>
> ❶ 간단한 점심 혹은 간식거리 챙겨갈 것.
> ❷ 여분의 옷은 필수. 여유가 된다면 돗자리를 가져가도 좋다.
> ❸ 퀸 엘리자베스 올림픽공원의 제대로 된 놀이터를 가고 싶다면 텀블리 베이 어드밴처 놀이터를 방문해 보자.
> ❹ 아르셀로미탈 궤도 ArcelorMittal Orbit 는 런던에서 가장 높은 조형물이자 꼭대기에 파노라마 사진을 볼 수 있는 전망대를 가지고 있다. 올라갈 때는 엘리베이터를 타고 내려올 때는 455개의 나선형 계단을 따라 내려오며 런던의 경치를 감상할 수 있다.
>
> **홈페이지** arcelormittalorbit.com
> **운영시간** 월~목 12:00~17:00, 금~일 10:00~18:00
> **가격** 평일: 성인 15파운드, 16세 이하 어린이 9파운드 / 주말: 성인 20파운드, 16세 이하 어린이 14파운드 홈페이지에서 가족 프로그램, 주말 프로그램 정보 확인해볼 것.

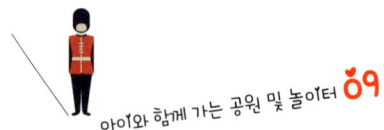
아이와 함께 가는 공원 및 놀이터 09

신나고 알찬 반나절의 행복,
빅토리아 공원 놀이터 Victoria Park Playground

아이들의 마음을 아는 놀이터

긴 장화 모양으로 생긴 공원 안에는 크고 작은 놀이터 시설이 갖추어져 있는데 그중 모델 보팅 호수 Model Boating Lake 근처에 있는 놀이터가 가장 크고 놀거리가 풍부하다. 이곳 놀이터의 특징은 인공적인 느낌이 두드러지지 않는다는 것이다. 놀이터에 있는 대부분의 시설은 나무 본연의 질감을 살려 주변 환경과 잘 어우러져 있다. 마치 숲 속에서 우연히 발견한 놀이터마냥 나무 사이사이에 설치된 놀이 시설들이 자연 친화적이다. 놀이터에 가면 가장 먼저 눈에 띄는 것은 긴 미끄럼틀이다. 얼핏 보기에도 2층 건물보다 높은 기다란 미끄럼틀 3개가 제각각 다른 디자인으로 설치되어 있다. 커다란 정글짐은 두 개가 나란히 설치되어 있는데 중앙에 정글짐을 이어주는 구름다리가 있어 자연스럽게 하나의 커다란 변형 정

글짐 모습을 보여준다. 놀이터에서 쉽게 볼 수 있는 놀이기구들을 조금씩 변형해 아이들에게 더 새로운 모험을 즐길 수 있게 해준다. 놀이터 한쪽에 있는 모래사장 안에는 작은 통나무집이 곳곳에 있고 물놀이를 할 수 있도록 펌프도 곳곳에 설치되어 있다. 트럭 놀이를 좋아하는 남자아이들을 위한 굴착기 도구도 모래사장 위에 있다. 하루 반나절은 충분히 놀 수 있는 빅토리아 공원 놀이터. 시간적 여유가 있는 사람들에게 꼭 추천하고 싶은 공원이다.

빅토리아 공원 놀이터

빅토리아 공원은 런던 이스트 지역에 있는 타워 햄릿 카운티 Tower Hamlets Co.에서 가장 큰 공원이다. 런던 외곽에 위치해 여행자보다는 인근 시민들이 많이 찾는다. 지역 주민들의 휴양과 스포츠, 놀이, 휴식을 담당하고 있는 장소다.

주소 Grove Rd, London
홈페이지 www.towerhamlets.gov.uk/lgnl/leisure_and_culture/parks_and_open_spaces/victoria_park
가격 무료 **운영시간** 07:00~해 질 녘까지
전철 Bethnal Green, Hackney Wick(over ground), Homerton(overground)

Tip

❶ 놀이터 모래놀이에서 물놀이를 할 수도 있고 바로 옆에 전용 물놀이 장소가 마련되어 있다. 여분의 옷과 수건은 필수.
❷ 모래놀이를 즐길 수 있는 장난감을 챙겨가도 좋다.
❸ 놀이터 옆에 간단한 차를 마시거나 화장실을 이용할 수 있는 V&A 빌딩이 있다.
❹ 공원 안에는 다양한 액티비티를 즐길 수 있다. 호수에서 배를 타거나 중국식 탑과 다리를 볼 수 있다. 또한 장미정원, 올드 잉글리쉬 정원 등 크고 작은 영국식 정원을 감상할 수 있다.
❺ 빅토리아 파크 근처 도보로 15분 거리에 빅토리아 & 알버트 어린이 박물관이 있다.

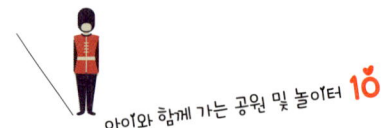

폐자재를 이용한 착한 놀이터, 킬번 그랜지 어드벤처 놀이터 Kilburn Grange Adventure Playground

아이와 함께 여행을 하면서 느낀 것 중의 하나는 런던이 얼마나 아이들을 위한 놀이터의 디자인 하나에도 심혈을 기울였는가 하는 점이다. 대부분 엇비슷해 보이는 한국의 놀이터와는 달리 런던에서 만난 놀이터는 그 지역의 지형, 특성을 고려해 놀이터를 설계한 흔적이 역력하다. 킬번 그랜지 어드벤처 놀이터 역시 그런 취지가 잘 살아있는 곳 중 하나다. 이곳은 그야말로 놀이터계의 '착한 놀이터'라고 할 수 있는데 바로 근처 공사장의 폐자재를 이용해 만든 놀이터라는 것.

실제로 놀이터에 갔을 때 첫 인상은 그다지 매력적이지 않을 수도 있다. 공사장에서 쓰고 남은 폐자재를 그대로 가져와 붙여놓았다고 해도 믿을 만큼 놀이터는 폐자재의 거친(?) 모습을 보존하고 있다. 우리가 일반적으로 생각하는 놀이터의 모습이 아니기 때문에 낯선 부분도 있다. 반듯한 모양의 놀이터 기구들에 익숙해서 자칫 허물어질 것 같은 느낌을 받기도 하고, 하나의 커다란 덩어리가 떡 하니 서 있는 것 같아 어디서부터 어떻게 놀이를 시작해야 할지 감이 잡히지 않을 수도 있다.

하지만 그것은 어른들만의 기우일 뿐! 아이들은 놀이터에 들어서는 순간 자신이 원하는 곳으로 뿔뿔이 흩어져 오르락내리락 자연스럽게 뛰어논다. 땅에서 보이는 놀이시설은 그다지 매력적이지 않지만 놀이기구에 직접 올라갔을 때의 느낌은 또 사뭇 다르다. 우선 공간의 변화가 매우 다양하다. 미끄럼틀을 타기 위해서는 계단을 올라가 미끄럼틀로 미끄러져

킬번 그랜지 어드벤처 놀이터

킬번 놀이터는 킬번 지역의 작은 공원 안에 위치한다. 2010년에 완공된 이후 2010년 칠드런 메이킹 스페이스 어워드 Children Making Space Award에서 수상한 이력이 있다. 2011년에는 RIBA에서, 2014년에는 캠던 디자인 어워드 Camden Design Award에서도 우승할 만큼 건축적으로도 의미 있는 놀이터이다. 다양한 건축 상을 수양한 이력이 있는 곳인 만큼 외관이 뭔가 다를까 싶지만 막상 가보면 일반 놀이터와 다름이 없다. 오히려 작은 공원 안에 위치한 놀이터라 공원을 찾지 못하면 놀이터를 찾기도 쉽지 않다. 그러나 무사히 찾아서 이 놀이터에 가본다면, 다양한 크기의 폐자재들을 활용하여 같은 공간 안에서 다른 공간을 느낄 수 있고, 다양한 재료를 사용해 계절의 변화를 경험할 수도 있을 것이다.

주소 Messina Ave, London **가격** 무료
운영시간 해 떠 있는 동안(during daylight hours) **전철** Kilburn, West Hampstead

내려오는 게 일반적인데, 이곳에서는 마치 숲 속 깊은 곳에서 모험을 하는 것처럼 아무 것도 만들어지지 않고, 다듬어지지 않은 야생의 느낌이 든다. 통나무로 되어 있는 기다랗고 삐뚤삐뚤한 흔들계단을 지나가면 또 다른 재료의 계단이 나타나기도 하고 알 수 없는 통로가 넓어졌다 좁아졌다 반복하기도 한다. 당연히 있어야 할 것 같은 공간은 막혀 있고, 더 이상 올라갈 곳이 없는 곳에는 작은 구멍이 나 있기도 하다. 예측을 할 수 없는 공간들이 끊임없이 펼쳐지는 곳, 아이들이 마음껏 상상력을 펼치도록 배려한 곳, 바로 킬번 그랜지 어드벤처 놀이터다.

놀이기구를 찬찬히 살펴보면 어른이라도 '숨바꼭질 하고 싶다'는 생각이 들 정도다. 그만큼 단순해 보이는 놀이기구 안에 많은 이야기와 상상이 담겨 있다. 놀이시설 옆의 모래놀이와 물놀이 시설 역시 아이들에게 더할 나위 없는 재미를 준다. 어드벤처 놀이터라는 이름처럼 이곳에서 뛰놀다 보면 아이들의 꿈과 모험심이 한 뼘쯤은 자라나지 않을까 기대를 품게 될 것이다.

Tip

❶ 놀이터 모래놀이에 물놀이 시설이 있기 때문에 여분의 옷을 챙기는 것은 필수!
❷ 모래놀이를 즐길 수 있는 플라스틱 장난감을 챙겨가도 좋다.
❸ 킬번 공원 안에 위치한 놀이터이기 때문에 킬번 공원을 찾으면 놀이터를 쉽게 찾을 수 있다.
❹ 공원 안 놀이터 근처에는 작은 가든이 펼쳐져 있다. 벤치에 앉아서 책을 읽거나 간단한 스낵을 먹기에도 분위기가 좋다.

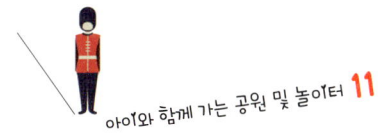
아이와 함께 가는 공원 및 놀이터 11

농장도 보고, 레크레이션도 즐기고, 코람스 필드 놀이터
Coram's Fields & The Harmsworth Memorial Playground

야외공원임에도 불구하고 원칙적으로 어린이를 동반한 부모들만 입장할 수 있기 때문에 비교적 안전한 곳이다. 공원 전체가 놀이터의 역할을 하며 공원 입구와 출구가 하나이고 입구 앞에 스태프가 있기 때문에 아이를 잃어버릴 염려가 적다. 공원 안으로 들어가면 정면에 물놀이를 할 수 있는 커다란 분수대가 놓여 있고 분수대 옆의 잔디밭에는 앉을 수 있는 벤치와 음식을 먹을 수 있도록 나무 테이블이 곳곳에 놓여 있다. 공원 정문 오른쪽에는 어린 연령의 아이들이 놀 수 있는 놀이터와 간단한 식사 및 차를 마실 수 있는 카페가 있다. 정문 왼쪽에는 데이케어 시설을 비롯해 다양한 액티비티가 진행되는 레크레이션 센터가 있다. 공원 끝에는 큰 아이들까지 커버할 수 있는 커다란 놀이터와 청소년들을 위한 농구, 배구, 축구 코트장도 마련되어 있다. 또한 토끼, 염소, 닭 등 소박하지만 아이들에게 인기가 좋은 작은 농장도 있다.

코람스 필드 놀이터

런던 도심에서 약간 떨어진 곳에 특별한 놀이터가 있다. 겉으로 보기엔 2차선 도로와 평범한 건물 밖에 보이지 않는 길포드 스트리트 Guilford St.에 있는 어린이와 청소년을 위한 코람스 필드 놀이터가 그 주인공이다. 놀이터 전용 출입구로 들어가면 아이들이 뛰어노는 소리에 초등학교 운동장에 들어온 것 같은 착각마저 든다. 이곳은 어린이와 청소년을 위해 세워진 자선단체 공원이다.

주소 93 Guilford St, London 홈페이지 www.coramsfields.org
가격 무료 운영시간 09:00~해 질 녘까지 전철 Russell Square

    코람스 필드 놀이터가 특별한 이유는 공원 전체가 아이들을 위해 만들어진 곳이고 모든 운영이 기부를 통해서 이루어진다는 점이다. 또한 일회적으로 놀 수 있는 공간을 넘어서 주중에는 어린이를 위한 다양한 액티비티를 무료로 제공한다는 점도 눈여겨볼 만하다. 모든 시설이 무료로 이루어지기 때문에 간혹 낙후된 시설이 보이기도 한다. 그럼에도 불구하고 이곳은 한국에서는 경험해볼 수 없는 특별한 형태의 공원임은 분명하다. 대영 박물관에서 도보로 10분 정도 걸리는 곳에 위치한 코람스 필드 놀이터. 런던의 특별한 놀이터를 경험해보고 싶은 사람들에게 추천한다.

Tip

❶ 공원 안에는 간단한 식사나 차를 마실 수 있는 카페가 있다. 또한 곳곳에 놓인 야외테이블에서 도시락을 먹기에도 좋다.
❷ 여름에는 중앙의 분수대를 운영한다. 아이들이 물놀이 할 것을 대비해 여분의 옷과 수건은 필수로 챙기자.
❸ 작은 놀이터 옆에는 모래놀이 장소도 마련되어 있다. 플라스틱 장난감을 챙겨도 좋다.
❹ 공원 안에는 무료 화장실을 제공한다.
❺ 월요일부터 금요일까지 어린이들을 위한 무료 액티비티를 제공한다. 대부분 무료이며 만들기 수업의 경우 2~3파운드의 재료비를 요구하니 참고할 것.

PART 7

아이와 함께 가는 문화센터, 서점 및 기타 장소

01 런던의 복합문화 예술공간, 사우스뱅크 센터
02 우중충한 건물이 복합 센터가 되기까지, 바비칸 센터
03 진짜 런던의 모습을 느낄 수 잇는 곳, 캠든 아트 센터
04 영국 건축가들의 자부심, 영국 왕립 건축가협회
05 아찔한 유리바닥을 건너는 짜릿함, 타워 브리지
06 런던 도심에서 즐기는 물놀이
07 런던의 개성만점 서점들
08 무료로 즐기는 런던 뷰

런던에서 산다는 것은 자연스럽게 문화와 예술을 접할 수 있다는 말과 일맥상통한다.
길거리의 공연은 흔한 풍경이고 런던의 대표적인 문화공연 센터들은 진입 문턱을
낮춰 놓아 누구나 쉽게 문화와 예술을 영위할 수 있는 기회를 제공한다.
세계 독서율 1위를 자랑하듯 서점은 런더너들의 중요한 여가생활 공간 중 하나다.
여행과 일상이 조화를 이루며 하나가 되는 삶! 아이와 소소한 즐거움을 누리며
추억을 나눌 수 있는 문화센터와 서점 등을 소개한다.

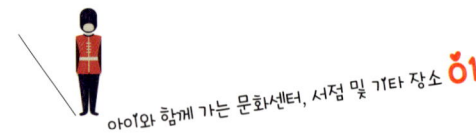

아이와 함께 가는 문화센터, 서점 및 기타 장소 01

런던의 복합문화 예술공간,
사우스뱅크 센터 Southbank Centre

사우스뱅크 센터는 로열 페스티벌 홀Royal Festival Hall과 퀸 엘리자베스 홀Queen Elizabeth Hall, 퍼셀 룸Purcell Room, 헤이워드 갤러리Hayward Gallery를 합쳐 부르는 말이다. 런던의 대표적인 복합문화 예술공간. 한국으로 따지면 예술의 전당과 같은 곳이다. 1951년 브리티시 페스티벌Festival of Britain을 개최하면서 사우스뱅크Southbank 지역에 영국의 문화, 예술, 과학, 산업 등을 알리기 위해 시작한 것이 센터의 시초가 되었다. 음악회, 전시회, 공연, 영화 등 일 년 내내 크고 작은 문화행사가 펼쳐진다.

돈이 없어도 즐길 수 있는 무료공연, 여유가 있으면 더 괜찮은 공연을 감상할 수 있는 기분 좋은 사치, 길거리 공연에서부터 문화센터에서 주관하는 공연까지 골라서 즐길 수 있는 여유. 이러한 문화는 단지 돈이 있다고 되는 것만은 아닐 것이다. 웃는 사람 옆에 있으면 한 번 더 웃게 되듯이 문화를 사랑하고 예술을 사랑하는 이들이 모인 곳에 있으면 너도 나도 일상의 작은 일에서도 문화와 예술을 느끼고 누릴 수 있지 않을까?

그래서 사우스뱅크 센터가 특별하다. 음료 한 잔, 핫도그 하나 사먹을 수 있는 돈만 있으면 아침부터 저녁까지 알차게 보낼 수 있는 런던의 복합문화 공간. 문화와 예술을 사랑하는 사람들이라면 필수로 가야 하는 장소이다.

사우스뱅크 센터

사우스뱅크 센터 건물은 1950, 60년대 건립된 건물을 그대로 사용하고 있다. 제 2차 세계대전 이후 기능주의 건축 양식의 영향을 받아 건물이 딱딱하고 차갑다. 런던을 대표하는 문화 공간인 만큼 우중충한 건물을 헐고 새 건물을 만들 수도 있었겠지만 최대한 원래 건물의 기본 골격을 유지하면서 세련되지 못했던 외관과 내부를 개선했다. 외부의 육중한 콘크리트는 컬러풀한 현수막이나 간판으로 가려지기도 했고 일부 구간은 눈에 띄는 밝은 색으로 페인트칠을 하기도 했다. 국립영화관 건물 아래에 뚫려 있는 스케이트 보드 연습장에는 젊은이들의 그래피티가 가득하다. 무조건 바꾸기보다는 주어진 공간을 특색 있게 활용하면서 건물의 모난 부분을 메워간 흔적에서 사우스뱅크 센터가 추구하는 문화의 본질을 엿볼 수 있다.

주소 Belvedere Rd, London **홈페이지** www.southbankcentre.co.uk
가격 무료 **운영시간** 월~일 10:00~23:00 **전철** Waterloo, Embankment

아이와 함께 즐기는 사우스뱅크 센터 "꿀팁"

01. 어린이 모래놀이터에서 시간 보내기

국립영화관 스케이트 보드 연습장 맞은편에는 아이들을 위한 특별한 공간이 조성되어 있다. 템즈강을 따라 설치된 어린이 모래놀이터가 꼬마 신사, 숙녀의 발걸음을 멈추게 만든다. 사우스뱅크 센터 외부에 설치된 곳이라 시간에 구애받지 않고 언제나 놀 수 있는 장점이 있다. 모래놀이 도구만 있으면 한두 시간은 충분히 시간을 보낼 수 있는 곳. 모래사장 바로 앞이 템즈강이라 음료를 들고 다리 아래 걸터 앉아 있는 어른들도 종종 발견할 수 있다. 사우스뱅크 센터를 방문하는 날에는 모래놀이 도구도 꼭 챙겨가도록 하자.

02. 사우스뱅크 센터 북마켓에서 책 고르기

오래된 책에서 피어나는 책 향기가 정겹다. 워털루 다리 아래 퀸즈 워크 Queen's walk에서는 중고책을 취급하는 사우스뱅크 센터 북마켓이 열린다. 워털루 다리 아래에 위치한 덕분에 비가 자주 오는 런던의 날씨에 아랑곳하지 않고 북마켓은 거의 매일 열린다. 아마 런던에서 유일한 오픈 중고마켓인 듯. 어른들 책뿐만 아니라 어린이용 책들도 있으니 싼 가격으로 아이가 좋아하는 영어책 하나 사줘도 좋겠다.

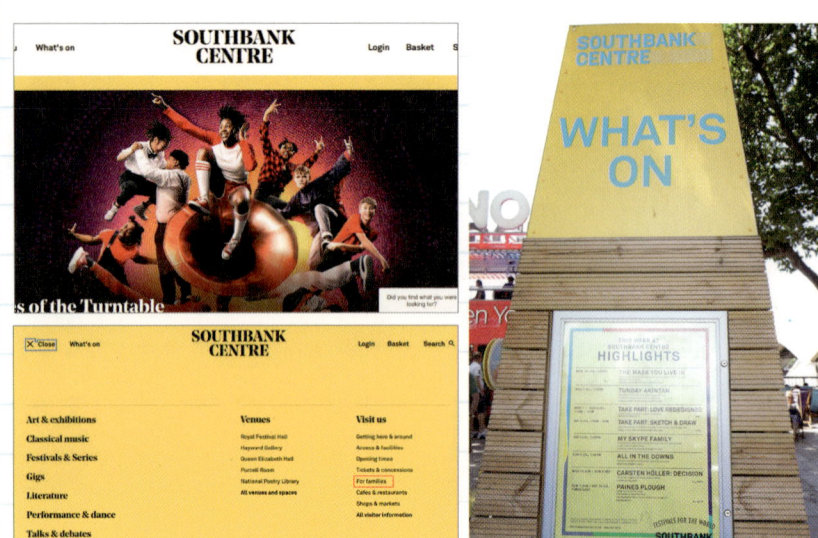

03. 사우스뱅크 센터의 가족, 어린이 프로그램 확인하기

사우스뱅크 센터에서는 아이부터 어른까지 모든 계층을 아우르는 공연을 한다. 사우스뱅크 홈페이지에 들어가서 상단 왼쪽의 '메뉴'바를 클릭해서 오른쪽 'Visit us' 란에 있는 'For families' 아이콘을 클릭해보자. 어린이들을 위한 공연을 포함하여 사우스뱅크 센터에서 즐길 수 있는 다양한 시설 정보를 한눈에 살펴볼 수 있다.

04. 사우스뱅크 센터의 분수 Jeppe Hein's Fountain 에서 즐기는 물놀이

시원한 물줄기가 뿜어대는 소리보다 더 크게 들리는 소리는 아이들의 함성. 날씨가 좋은 날 사우스뱅크 센터를 방문한다면 흔하게 볼 수 있는 풍경 중 하나가 아이들이 중앙의 분수에서 신나게 뛰어노는 모습이다. 문화공간 중앙에 정사각형 모양으로 설치된 분수는 어른들과 아이들에게 좋은 물놀이 시설을 제공해준다. 분수는 정해진 시간마다 아래에서 위로 물줄기가 세차게 뿜어져 올라온다. 커다란 사각형 프레임 모양의 분수는 프레임 안쪽은 물이 나오지 않고 가장자리로만 나오게 디자인되어 있다. 우연히 프레임 안으로 들어갔다가 물줄기에 갇혀서 즐거운 비명을 지르고 있는 사람들도 종종 만날 수 있다.

05. 시, 문학도서관에서 시간 보내기

로얄 페스티벌 홀 5층 Level 5에는 특별한 공간이 자리 잡고 있다. 바로 시, 문학도서관인데 60년 이상의 전통을 가진, 영국에서 가장 많은 시, 문학에 관한 아이템을 보유하고 있는 도서관이다. 이름에 걸맞게 세계문학(그중에서도 시) 서적에 초점을 맞추고 있고 다른 나라의 시를 번역한 책들, 오디오 자료, 잡지 등 약 20만여 권의 아이템을 보유하고 있다. 시, 문학도서관은 아이들을 위한 코너에도 각별한 신경을 많이 썼다. 그 흔적은 도서관 입구에서부터 발견할 수 있다.

문 옆에 설치된 작은 부스 안에는 어린이용 책을 비롯해 컬러풀한 아이들 소파와 컬러링을 할 수 있는 칠판, 색연필, 종이가 상시 구비되어 있다. 시, 문학도서관은 바깥의 시끄러운 분위기와 대조되는 풍경을 가지고 있었다. 커다란 책꽂이 5~6개에 빼곡히 꼽혀 있는 책들을 보면 부자가 된 느낌이다. 아이들이 편하게 책을 읽을 수 있도록 이동식 소파를 비롯, 작은 의자들도 비치해놓은 센스가 엿보인다. 어린이 코너 벽 한구석에 붙여진 아이들 그림을 보고 있으면 엄마 미소가 절로 나온다. 날씨가 더운 날, 시원한 에어컨 바람을 맞으며 아이와 책 읽기 삼매경에 빠지기 좋은 곳이다.

관련 사이트 www.poetrylibrary.org.uk
운영시간 화~일, 11:00~20:00(월 휴무)

06. 옥상 정원에서 자유 만끽하기

퀸 엘리자베스 홀 건물 한편에 샛노란 색으로 칠해진 계단을 따라 올라가면 예상치 못한 아지트를 발견할 수 있다. 건물 옥상 위에 인공잔디가 아닌 진짜 잔디가 깔려 있는 옥상 정원이 런더너들의 휴식처가 되고 있기 때문. 눈으로 봐도 푹신해 보이고 푸른 잔디 옆에는 기다란 나무데크와 곳곳에 테이블과 의자가 설치되어 있다. 이뿐만이 아니다. 정원 가득 각종 허브와 야생화를 심어 도심 안에 작은 식물원을 꾸며놓았다. 적당한 테이블에 앉아 커피 한 잔을 하는 사이 아이는 꽃밭에서 놀기 좋다. 매년 겨울 시즌에는 문을 닫지만 가끔씩 겨울에도 특별한 이벤트를 열고 있으니 홈페이지를 참고할 것.

운영시간 월~일 10:00~22:00 (겨울 시즌을 제외한 9월까지 운영)

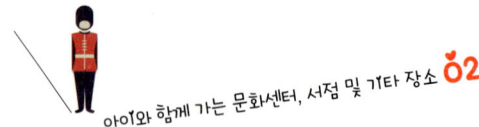

우중충한 건물이 복합문화 공간이 되기까지,
바비칸 센터 Barbican Centre

바비칸 센터는 일 년 내내 다양한 전시회를 개최한다. 무료 전시부터 유료 전시까지 다양한 장르의 전시가 열리기 때문에 문화센터를 찾아가는 재미가 쏠쏠하다. 전시는 대부분 현대 설치물 전시가 많아 아이들과도 재미있게 관람할 수 있다. 0층에 위치한 바비칸 숍에는 이곳에서만 구입할 수 있는 디자이너 제품들을 판매하기 때문에 디자인 제품을 좋아하는 사람들이라면 놓치지 말자.

야외 테라스에서 즐기는 여유

바비칸 센터 건물 앞 야외 테라스는 365일 사람이 끊이지 않는 장소이다. 4면으로 둘러 쌓여 있는 육중한 건물이 야외 테라스의 분위기를 반감시키기는 하지만 그곳에 있는 사람들의 에너지가 공간의 단점을 보완해줄 만큼 분위기는 활기차다. 야외 테라스 중앙에 있는 큰 호수와, 둥근 모양으로 만들어져 분수가 뿜어져 나오는 작은 호수는 런던 시민들에게 편안한 휴식처를 제공해주고 있다. 이곳은 낮보다 저녁이 되면 더 활기를 띠기 시작한다. 일을 마치고 온 시민들, 바비칸 센터에 공연을 보러 온 사람들, 그냥 이곳에 산책을 온 사람들로 야외 테라스는 매일 축제 분위기이다. 2~3파운드 남짓한 맥주 한 잔을 들고 웃고 떠드는 시민들의 모습이 자유롭고 행복해 보인다. 곳곳에 설치된 야외설치 작품들에, 어디선가 흐르는 음악 소리까지 더해져 이곳의 분위기를 더욱 트렌디하게 만든다.

바비칸 센터

템즈강 남쪽 사우스뱅크 센트와 더불어 런던의 대표적인 복합문화예술 센터이다. 제 2차 세계대전 중 독일군의 공습으로 폐허가 된 바비칸 지구에 예술, 교육, 주거시설을 유기적으로 결합해 바비칸 복합단지를 조성했고, 1982년에 바비칸 센터를 조성했다. 전후 영국 건축계에 유행했던 '브루탈리즘Brutalism' 양식으로 설계되어 가공하지 않은 재료 그대로의 사용과 노출 콘크리트 사용, 건물에 감추어져 왔던 기능적인 설비들을 그대로 드러낸 건축 양식을 보이고 있다.

한때 BBC가 선정한 가장 흉물스러운 건물 1위에 뽑히는 불명예를 안기도 했지만 확실한 로고 콘셉트와 적절한 타이포그라피 때문에 런던의 어느 건물보다 세련되고 모던하다. '한 지붕 아래 모든 예술All the arts under one roof'을 표방하며 영화관, 공연장, 아트갤러리 등 다양한 장르의 예술을 위한 공간을 갖추고 있다.

주소 Silk St, London **홈페이지** www.barbican.org.uk
가격 무료(일부 연주회, 전시회는 유료) **운영시간** 월~토 09:00~23:00, 일 10:00~23:00
기타 바비칸 센터 내 아트 갤러리 및 기념품숍 운영시간은 수~토 10:00~18:00, 목·금 10:00~21:00
전철 Moorgate

01. 바비칸 어린이 도서관

바비칸 센터 2층의 문화&예술 전문 도서관 안에는 어린이 도서관이 별도로 마련되어 있다. 이곳은 시티 오브 런던 City of London 행정구역에 포함된 어린이 도서관이기도 하다. 어린이 도서관으로 들어서면 초록빛깔의 카펫과 천정, 벽에 설치해놓은 나뭇잎, 동물 캐릭터 때문에 밀림에 온 것과 같은 느낌이 든다. 매달 새로운 책을 소개하는 코너 앞에는 아이들이 편안하게 책을 읽을 수 있는 공간과 작은 테이블이 마련되어 있다. 매주 5세 전후 어린이들을 위한 스토리텔링을 진행하고 있다.
운영시간 월·수 09:30~17:30, 화·목 09:30~19:30, 금 09:30~14:00, 토 09:30~16:00
(공휴일 운영시간은 홈페이지 참고, 일 휴무) 기타 스토리텔링은 매주 월 15:30~16:00(무료)

02. 런던 심포니 오케스트라 공연을 비롯한 다양한 음악 공연

런던은 뮤지컬을 비롯해 문화생활을 즐길 수 있는 곳이 도처에 깔려 있다. 바비칸 홀은 런던 심포니 오케스트라의 홈 연주장으로 10파운드부터 시작하는 합리적인 가격으로 세계 최고의 오케스트라 공연을 감상할 수 있다. 그밖에 매일 다채로운 공연이 펼쳐지며 가족을 위한 공연도 기획된다. 뮤지컬의 비싼 티켓 가격 때문에 망설여진다면, 남들과 차별된 문화생활을 즐기고 싶다면 바비칸 홀에서 런던 심포니 오케스트라 공연을 감상해보는 것은 어떨까?
관련 사이트 www.barbican.org.uk/whats-on/classical-music
기타 공연 정보 및 예약은 인터넷으로 하거나 현장에서 구매할 수 있다. 런던 심포니 오케스트라 연주는 빨리 매진이 되기 때문에 미리 예매를 하는 것이 좋다.

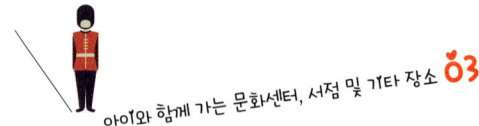

아이와 함께 가는 문화센터, 서점 및 기타 장소 03

진짜 런던의 모습을 느낄 수 있는 곳,
캠든 아트 센터 Camden Art Centre

캠든 아트 센터는 지역사회 주민들을 위해 다양한 이벤트를 개최한다. 매주 일요일 오후에는 가족을 위한 프로그램도 알차다. 이벤트 주제는 매주 달라지며 오후 2시부터 4시 30분까지 편한 시간에 와서 자유롭게 참석하면 된다. 우리가 갔던 어느 일요일 오후에는 모빌 프로젝트를 진행하고 있었다. 골판지, 셀로판지, 철사, 나무, 색종이 등 다양한 재료를 활용해 자신의 모빌을 만드는 수업이었다. 스튜디오 안에는 이전에 다녀간 친구들의 모빌들이 중앙에 전시되어 있었고 한창 모빌 작업에 열띠게 참여하고 있는 가족들이 있었다. 런던에서 미술 프로그램에 참여하다 보면 형식이 비슷하더라도 소재나 주제는 모두 다르다는 것을 경험할 수 있다. 그만큼 다양한 소재와 주제를 다루기 때문. 새로운 재료를 접하는 것만으로도 아이들은 흥미를 느낄 수 있을 것이다. 그동안 만져보지 못한 새로운 재료들을 가지고 직접 풀질과 가위질을 하면서 자유롭게 모빌을 만들고, 이미 만들어놓은 모빌을 보면서 새로운 아이디어를 얻는 과정은 아이들에게 몰입의 기쁨을 맛보게 해줄 것이다. 완성된 모빌은 아이들이 가져갈 수도 있고, 아트 센터에 기증할 수도 있다.

캠든 아트 센터

캠든 아트 센터는 런던 북쪽에 있는 핀칠리 로드 & 프로그날 Finchiley Road & Frognal 역 근처 조용한 주택가에 위치한다. 아트 센터라는 것을 미리 알고 가지 않으면 그냥 지나칠 수밖에 없을 만큼 평범한 외관과 작은 간판을 가지고 있다. 우리가 흔히 생각하는 화려한 아트 센터의 이미지와 사뭇 다른 느낌이다. 그러나 이곳은 1965년부터 런던 북쪽 지역의 문화예술 중심지 역할을 하고 있다. 정문을 열고 로비에 들어서자마자 보이는 서점도 인상적이다. 흰색으로 칠한 아트 센터의 벽과 창문들, 천장의 창틀 등 군더더기 없는 건물의 설계로 작품을 전시하기에 최적화되어 있다.

주소 Arkwright Rd, London **홈페이지** www.camdenartscentre.org
가격 무료 **운영시간** 화~일 11:00~18:00, 목 11:00~21:00
전철 Finchley Road&Frognal(오버그라운드)

01. 일요일 가족 프로그램 참여하기

매주 일요일 오후에는 가족 프로그램을 무료로 진행한다. 프로그램의 형식은 자유이며 주제는 매주 달라진다. 시간이 정해진 것은 아니므로, 가능한 시간대에 편하게 참여할 수 있다.
운영시간 매주 일 14:00~16:30 (드랍인 이벤트)
장소 아트 센터 1층 스튜디오. 스튜디오 앞에 〈Make & Do〉 라는 작은 간판이 있다.
※ 2023년 5월 기준, 일요일 가족 프로그램은 재정비에 들어갔다. 추후 업데이트 내용은 홈페이지를 통해 가능하다.

02. 야외 카페에서 누리는 즐거움

아트 센터 0층 안쪽에는 그냥 지나치기 아까울 만큼 아름다운 카페가 있다. 카페 안으로 들어가면 실내공간과 실외공간으로 나눠져 있다. 기본적인 커피와 차를 파는 카페는 외부로 향하는 두 면이 모두 유리벽으로 되어 있어 카페 분위기가 매우 밝고 화사하다. 자연스럽게 밖으로 나갈 수 있게 되어 있는 실외공간은 야외 카페 공간임과 동시에 아트 센터의 작은 정원 역할을 겸하고 있다. 곳곳에 놓여 있는 테이블은 커피를 시키지 않아도 부담 없이 앉을 수 있게 해놓았고, 작은 정원은 센터 내에 있어서 아이들이 안전하게 뛰어 놀기에 안성맞춤이다. 날씨가 좋은 날 캠든 아트 센터를 방문한다면 꼭 야외 정원에 가보자. 내 집에 이런 정원을 갖고 싶을 만큼 아름답고 부러운 장소이다.

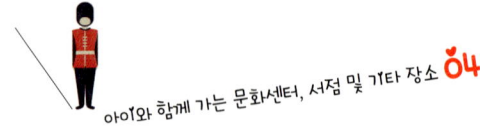
아이와 함께 가는 문화센터, 서점 및 기타 장소 04

영국 건축가들의 자부심,
영국 왕립 건축가협회 Royal Institute of British Architects

    우리는 때마침 브루탈리스트 놀이터 The Brutalist Playground 전시와 겸한 프로젝트 워크숍에 참여할 수 있었다.

    브루탈리즘 스타일 건축 양식은 20세기 초반 르코르뷔지에의 영향을 받아 영국에서 인기를 끌었던 건축 양식이다. 건물을 지을 때 노출 콘크리트를 적용하거나 설비시설을 그대로 드러내는 등 가공하지 않은 재료를 그대로 사용했던 건축 양식이다.

    이번 프로젝트에서는 과거 공동주거 시설에 설치된 브루탈리즘 놀이터 디자인을 그대로 가져오되 돌 대신 부드러운 폼 소재를 사용하였다. 프로젝트 전시장이긴 하지만 전시회가 열리는 동안 오전 10시부터 오후 5시까지 누구나 이용할 수 있게 해놓았다. 어린이 워크숍을 시작하기에 앞서 스태프는 모든 아이들을 이끌고 브루탈리스트 놀이터를 체험하게 해주었다. 특별한 놀이시설이 없어도 아이들에게 이곳은 천국과 같다. 커다란 원형모양의 경사진 놀이기구에서 뱅글뱅글 돌면서 내려오는가 하면, 똑같은 스케일로 만들어놓은 육각형 도형을 가지고 탑을 쌓거나 집을 만들기도 했다. 구석에 설치된 미끄럼틀을 서로 타기 위해 경쟁을 하는가 하면 부드러운 폼 소재 위에서 그냥 뛰고 달리며 아이들은 워크숍을 제대로 즐긴다. 20여 분의 짧은 놀이가 끝난 후 아이들 모두는 옆 스튜디오에서 또다른 프로젝트에 참여했다.

    스튜디오 안에는 이미 못 쓰는 재활용 상자를 비롯해, 휴지 심, 키친타올 심, 종이백,

영국 왕립 건축가협회

영국을 비롯, 전 세계적으로 권위 있는 건축가들의 단체로 1837년 윌리엄 4세에 의해 로얄 헌장을 부여받았다. RIBA 회원이 된다는 것은 고객과 건축가 사이에서 전문적인 우수성을 전 세계적으로 인정받는 것을 의미한다. RIBA의 로얄 골드 메달은 저명한 건축가에게 수여되는 메달로 '건축계의 노벨상'으로 꼽히는 권위 있는 상이다. 수상자로는 삼성 리움 박물관을 설계한 렘 쿨하스 Rem Koolhaas(2004)와 장 누벨 Jean Nouvel(2001), 월트 디즈니 콘서트홀을 설계한 프랭크 게리 Frank Gehry(2000) 등이 있으며 동대문 디자인 플라자를 설계한 자하 하디드 Zaha Hadid가 167년 역사상 최초 여성 건축가로 2016년 로얄 골드 메달을 수상했다.

주소 66 Portland Pl, London **홈페이지** www.architecture.com **가격** 무료
운영시간 월~목 08:00~17:30, 금 08:00~20:00, 토 08~17:00, 일 10:00~17:00 (12월24일~1월4일 휴무) **전철** Great Portland Street

---

각종 마킹 테이프, 색연필, 색지 등 만들기에 필요한 모든 재료가 바닥에 널브러져 있었다. 건축협회의 워크숍이라 아이들에게 공간능력을 길러줄 수 있는 만들기 소재가 대부분이었다. 만 5세 이하의 어린이들을 위한 워크숍인 만큼 수업은 자유롭고 주제 역시 특별한 것이 정해진 게 아니라, 주어진 재료를 사용해 원하는 것을 만들면 된다. 예를 들어, 런던에서 매일 지하철을 타고 다니는 아이라면 지하철을 만들기 위해 작은 상자와 휴지 심을 모으고, 작은 상자를 이어붙인 후 원하는 색지를 위에 붙이는 등 자유롭게 자신이 생각하는 지하철 모양을 만들어보는 것이다. 그리고 펜으로 만들어놓은 전철 모양 위에 그림을 그린다. 만들기가 다 끝난 후에는 다른 친구들의 만들기를 구경하기도 하고, 각자 만든 것들을 가지고 함께 놀기도 한다. 만들기를 좋아하는 아이들이라면 특별한 재미를 느낄 것이다.

아이와 함께 즐기는 RIBA 방문 "꿀팁"

01. 아이들을 위한 워크숍 참여하기

매달 초 아이들을 위한 무료 워크숍이 열린다. 달마다 이벤트 날짜와 장소가 달라지기 때문에 홈페이지를 확인하는 것이 좋다 (무료 워크숍이지만 예약은 필수).

건축학도를 꿈꾸는 아이들을 위한 유료 워크숍도 매달 열린다. 방학 때는 일주일 캠프로 진행하는 워크숍도 있어서 런던에 장기간 머무는 가족이라면 관심을 가져볼 만하다.

관련 사이트 www.architecture.com/education-cpd-and-careers/learning/families-and-children-workshops

02. 0층 로비의 카페 및 서점 방문해 보기

건물 0층 오른쪽에는 작은 카페를 비롯해 건축과 디자인에 관한 책을 판매하는 전문 서점이 있다. 건물 종류, 조경, 도시이론 등의 분류뿐만 아니라 건축가별 책도 ABC순으로 정리되어 있어 디자인, 건축 전공자들에게는 천국과도 같은 곳이다.

03. 세계 최고의 건축 도서관 방문해 보기

RIBA 건물 3층 Level 3에는 건축 도서관이 자리 잡고 있다. 전 세계 3대 건축 도서관에 꼽힐 만큼 저널, 사진집, 드로잉 책, 건축관련 도서 등 약 4만여 권 이상의 책을 보유하고 있다. 도서관은 RIBA 멤버와 학생을 대상으로 하지만 일반인에게도 무료로 공개한다. 도서관에 들어가 개인 소지품을 락커에 보관한 후 도서관을 이용할 수 있다. 미래의 건축가를 꿈꾸는 자녀를 둔 부모라면 세계적인 건축도서관을 경험하게 해주는 것은 어떨까?

도서관 위치 RIBA 건물의 3층
운영시간 화 10:00~20:00, 수·금 10:00~17:00, 토 10:00~13:30, 월·일 휴무
입장료 무료 기타 일반인은 사진이 있는 신분증(여권, 자동차면허증 등)을 반드시 지참해야 한다. 개인 짐은 도서관 앞에 있는 락커에 보관해야 한다.

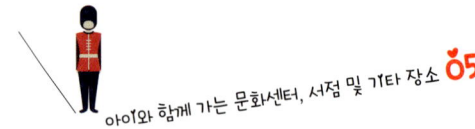
아이와 함께 가는 문화센터, 서점 및 기타 장소 05

아찔한 유리바닥을 건너는 짜릿함,
타워 브리지 Tower Bridge

런던의 랜드마크 중 하나인 타워 브리지는 런던 관광객이라면 한 번은 봤거나 사진을 찍게 되는 장소이지만 타워 브리지 전망대에 올라가거나 엔진룸을 아는 사람들은 드물다. 하지만 타워 브리지는 런던의 어떤 명소보다도 볼거리와 즐길 거리가 많아서 아이와 함께 가기 좋은 곳이다.

타워 브리지 관람은 전망대가 있는 전시관에서 시작해 남쪽의 엔진룸에서 끝이 난다. 타워 브리지 매표소에서 티켓을 구입하면 직원의 인솔하에 대형 엘리베이터를 타고 타워 브리지 전시관으로 올라간다. 42미터의 높이에 있는 전시관은 북쪽 탑과 남쪽 탑을 연결해주는 워크웨이 walkway로 되어 있다. 관람객들은 약 60미터 길이의 워크웨이를 걸으면서 양쪽으로 펼쳐진 런던 뷰를 감상할 수 있고 타워 브리지를 건설할 당시의 역사적인 사실과 경제적 상황, 건축가, 런던에 세워진 여러 다리들, 타워 브리지에 관한 정보들을 살펴볼 수 있다.

타워 브리지 전시관의 하이라이트 장소는 당연 유리 바닥이다. 유리 바닥은 동쪽과 서쪽 워크웨이에 각각 하나씩 설치되어 있는데 바닥 아래로 타워 브리지를 건너는 사람들과 자동차, 템즈강이 훤히 내려다보인다. 42미터밖에 되지 않는 높이지만 유리 바닥을 건너는 것은 생각보다 무섭다. 유유히 흐르는 템즈강의 물결은 착시현상을 일으켜 유리 바닥을 건너고 있으면 내 몸이 움직이는 듯한 공포를 느끼기도 한다. 하지만 어른들에 비해서

아이들은 훨씬 즐겁게 유리 바닥 체험을 즐기는 풍경을 볼 수 있다. 타워 브리지 전시관을 모두 관람하면 직원의 인솔하게 엘리베이터를 타고 다시 지상으로 내려가 엔진룸으로 갈 수 있다. 엔진룸은 타워 브리지 남쪽 다리가 끝나는 지점에 위치하며 이곳에서는 타워 브리지에 설치된 두 개의 다리가 어떻게 양쪽으로 들어 올려지는지를 설명해놓았다. 5단계로 이루어져 있는 엔진룸은 시청각 자료를 활용하여 짧지만 알차게 설명을 해놓은 것이 인상적이다. 엔진룸 관람 후에는 간단한 기념품을 구입할 수도 있다.

타워 브리지

런던에서 가장 유명한 다리이자 빅 벤과 함께 런던의 랜드마크로 꼽히는 건축물이다. 1894년, 영국이 호황기를 누리고 있을 때 완성된 다리로 당시 런던 탑과의 조화를 고려하여 고딕 양식으로 지어졌다. 탑에는 1,000톤이나 되는 다리를 들어올릴 수 있는 동력 장치가 설치되어 있으며 하나로 연결되어 있는 두 개의 다리를 각각 양쪽으로 들어 올리는 이엽도개교로 설계되었다. 타워 브리지가 준공되었을 당시에는 1년에 6,000회 정도 다리가 개폐되었지만 대형 선박이 지나다니는 횟수가 줄어듦에 따라서 현재는 실질적인 목적보다는 관광의 목적으로 일 년에 약 500회 정도 다리가 들어올려진다. 개폐형으로 만들어진 다리 가운데가 분리되어 양쪽으로 서서히 들리는 모습은 많은 관광객들이 보고 싶어하는 모습이기도 하다. 타워 브리지의 다리가 분리되는 정확한 시간은 홈페이지를 통해서 확인할 수 있다.

주소 Tower Bridge Rd, London **홈페이지:** www.towerbridge.org.uk
운영시간 월~일 09:30~17:00 **가격** 성인 12.3파운드, 어린이(5~15세) 6.2파운드, 가족(성인 2 +어린이 1) 33.3파운드 20파운드 **전철** Tower Hill
기타 온라인 예매 시 1파운드 할인, 트래블 카드 소지자는 2 for 1 혜택을 받을 수 있다.

아이와 함께 즐기는 타워 브리지 "꿀팁"

01. 어린이 액티비티 책자 챙기기

타워 브리지 전시관으로 올라가면 입구에 어린이들을 위한 액티비티 책자가 비치되어 있다. 책자 안에는 간단한 미로찾기부터 시작해서 숨은그림찾기, 런던의 랜드마크 소개 등 간단한 내용이 수록되어 있어서 아이들이 흥미롭게 즐길 수 있다.

02. 기념 동전 모으기

런던의 박물관이나 랜드마크 장소에 가면 그 장소와 관련된 동전을 만들 수 있는 기계가 설치되어 있다. 각 장소에서만 만들 수 있는 동전을 모으는 아이들이라면 타워 브리지 동전도 만들면 좋겠다.

03. 유리 바닥에서 기념 사진 남기기

아이들에게 가장 인기가 많은 유리 바닥에서 독특한 기념 사진을 남겨 보자. 가족끼리 발을 모으고 사진을 찍을 수도 있고, 재미있는 포즈를 취할 수도 있다. 용기가 있는 아이라면 유리 바닥에서 점프 사진을 남길 수도 있겠다.

04. 엔진룸 액티비티 즐기기

엔진룸에는 다양한 시청각 자료를 비롯하여 타워 브리지 스케치를 하고 퀴즈를 맞추거나, 간단한 크래프트를 할 수 있는 액티비티 공간이 마련되어 있다. 엔진룸에서 제공하는 다양한 액티비티를 즐겨보자.

05. 멀리서 즐기는 타워 브리지

엔진룸을 나오면 근처에 런던 시청이 위치한다. 시청 광장 옆에는 바닥 분수가 있어서 더운 날에는 물놀이를 하기에도 안성맞춤인 곳이다. 또한 타워 브리지를 배경으로 멋진 사진을 남길 수도 있고 타워 브리지 다리가 올라가는 것을 볼 수 있는 최적의 장소이다. 타워 브리지 전시관을 가지 않는 가족이라도 시청 광장 쪽은 꼭 한 번 둘러보길 바란다.

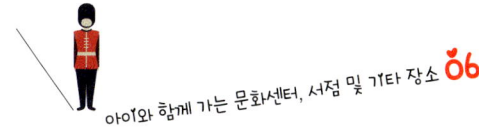
아이와 함께 가는 문화센터, 서점 및 기타 장소 06

런던 도심에서 즐기는 물놀이

여름이라도 평균 25도를 넘지 않는다던 런던의 날씨는 이미 오래전 이야기이다. 요즘 런던의 여름은 꽤 뜨겁다. 그러나 런던의 오래된 박물관은 냉방시설이 제대로 되어 있지 않아 시원한 에어컨 바람을 기대하기 힘들다. 하지만 걱정할 건 없다. 여름에 런던을 방문했을 때, 날씨가 너무 더워 고생 중이라면 이 핫플레이스로 가자. 도심 속의 오아시스인 물놀이 장소. 아이와 함께 뜨거운 런던을 여행한다면 이 무료 물놀이 장소들이 모래 속 진주와 같이 느껴질 것이다.

1. 사우스뱅크 센터의 분수 Jeppe Hein's Fountain

문화센터 중앙에 정사각형 모양으로 설치된 분수대는 여름이면 어른들과 아이들에게 훌륭한 물놀이 장소를 제공한다. 분수 가장자리에 앉아 있는 부모들 역시 작정하고 이곳에 온 것 마냥 여분의 수건과 옷가지를 꼼꼼하게 준비해와, 뜨거운 여름을 즐긴다.

분수는 정해진 시간마다 아래에서 위로 세찬 물줄기를 뿜어 올린다. 커다란 사각형 프레임 모양의 분수는 프레임 안쪽은 물이 나오지 않고 가장자리로만 나오게 디자인되어 있어 프레임 안을 들어갔다 나갔다 하는 아이들을 쉽게 발견할 수 있다. 뜨거운 날씨, 어디선가 흐르는 음악 소리, 그 앞에는 템즈강이 흐르고 아이들의 웃음 소리가 끊이지 않는 이곳. 나이를 불문하고 남녀노소 누구나 자연스럽게 즐길 수 있는 최고의 물놀이 장소다.

주소 Belvedere Rd, London 홈페이지 www.southbankcentre.co.uk 가격 무료
운영시간 10:00~22:00(분수는 해가 떠 있을 때만 운영한다.) 전철 Waterloo, Embanrkment

2. 다이애나 메모리얼 분수 Diana Memorial Fountain

하이드 파크 내에 위치하며 다이애나 메모리얼 분수는 평소 아이들을 좋아했던 다이애나비의 정신을 이어받아 조성된 분수다. 공원 안에 커다란 고리 모양의 분수가 있다. 분수라고 해서 물이 아래에서 위로 뿜어져 나오는 게 아니라 마치 작은 시냇가에서 물이 흐르듯이 만들어졌다. 둥근 띠 모양의 분수는 끊임없이 흐르고 또 흐른다. 분수 안의 바닥 표면은 곳곳마다 다른 표면처리를 해놔서 어떤 곳은 경사가 진 곳도 있고 어떤 곳은 울퉁불퉁한 곳도 있다. 아이들이 고리모양 분수대를 뛰어다니며 노는 동안 엄마는 분수 옆 잔디밭에 앉아 잠시 여유를 만끽할 수도 있는 최고의 장소다. 하이드 파크에서 물놀이를 하고 싶다면 다이애나 메모리얼 분수로 가자.

주소 Rangers Lodge, Hyde Park, London 홈페이지 www.royalparks.org.uk/parks/hyde-park 가격 무료 운영시간 4~8월 10:00~20:00, 9월 10:00~19:00, 3 · 10월 10:00~18:00, 11 · 2월 10:00~16:00 전철 Knightsbridge, Hyde Park, Marble Arch

3. 퀸 엘리자베스 올림픽공원의 밴쿠버 분수 Vancouver Fountain

영국에서 가장 규모가 큰 공공 예술품이자 전망대인 아르셀로미탈 궤도 ArcelorMittal Orbit가 보이는 광장 아래 지그재그 모양, 혹은 원형 모양의 물줄기가 숨어 있다. 물줄기는 일정한 시간을 두고 물을 뿜어댄다. 뜨거운 여름, 아이들을 위한 최고의 놀이터! 바닥에서 올라오는 물줄기는 동시다발적으로 솟기도 하고, 순차적으로 올라오기도 한다. 다양한 모습으로 물을 뿜는 분수 하나로 아이들은 더할 나위 없이 즐겁다.

주소 London E20 2ST 홈페이지 www.queenelizabetholympicpark.co.uk
가격 무료 운영시간 항상
전철 Stratford, Stratford International

4. 빅토리아 & 알버트 박물관의 분수 Water Fountain

빅토리아 & 알버트 박물관 건물과 건물 사이를 연결하는 중앙 통로에 있는 존 마데스키 정원 John Madejski Garden에는 물이 뿜어져 나오는 작은 분수시설이 있다. 이곳은 어린 연령대 아이들을 위한 최고의 물놀이 장소이다. 분수는 커다란 물을 뿜지 않고 분수대 안으로 들어갈 수 있도록 디자인되어 있다. 분수대 안은 발목 정도 잠길 물 높이라 아이들에게 안전하다. 한쪽에는 이동식 판자가 놓여 있어 그 위에서 음식을 먹거나 일광욕을 즐길 수도 있다. 물만 있어도 즐거워지는 아이들이라면 V&A 뮤지엄의 분수대도 기억하자.

주소 Cromwell Rd, London
홈페이지 www.vam.ac.uk 가격 무료
운영시간 10:00~17:45 (금 10:00~22:00)
전철 South Kensington

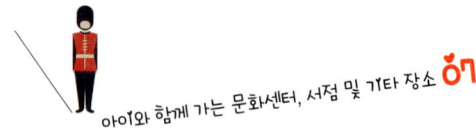

런던의 개성만점 서점들

1. 클래식한 서점에서 트렌디한 곳으로 탈바꿈한 포일스Foyles 서점

영국의 대표적인 서점 중 하나로 여타 런던의 서점과 비교했을 때 깔끔하고 모던한 것이 특징이다. 포일스 서점 0층과 지하 1층 사이에 어린이 전용 코너가 마련되어 있다. 10개 남짓한 계단을 이용할 수도 있고 유모차가 있는 가족은 옆의 경사로를 이용할 수도 있다. 어린이 코너로 들어가는 입구에는 벽에 그림을 그려놓아 아이들을 위한 코너임을 금방 알 수 있다. 이곳에서 인상적인 것은 책꽂이의 높이. 나이 순, 종류별로 책이 정리되어 있는 것은 물론이고 연령에 따른 키에 따라 책꽂이의 높이가 다르다. 서점임에도 불구하고 아이들이 쉽게 책을 꺼내볼 수 있도록 디자인해놓았고 최대한 많은 책들을 펼쳐놓아 책을 고르는 즐거움을 더했다. 어린이 코너 중간 중간에는 작은 테이블과 의자, 푹신한 소파 등이 마련되어 있어 어린 아이들과 함께 편하게 책을 읽을 수 있도록 배려했다.

주소 C107 Charing Cross Rd, Soho, London **차링 크로스점**
홈페이지 www.folyes.co.uk **운영시간** 월~토 09:00~21:00(일 휴무)
전철 Tottenham Court Road, Leicester Square **기타** 5층 카페 추천, 카페 옆에 화장실이 마련되어 있다.

2. 런던 지식인들의 아지트, 헤이우드 힐 Heywood Hill 서점

버킹엄 궁전 근처 주택가에 작지만 특별한 서점이 있다. 겉에서 보기엔 그저 오래된 서점에 불과하지만 런던에서 책 좀 본다는 사람들 사이에서는 꽤나 유명한 곳이다. 1940년대 후반 런던 지식인들은 이 작은 서점에 모여 책을 읽고 정책 토론을 하거나 국가의 미래를 논했다. 당시 이 서점의 대표 단골이 윈스턴 처칠 전 영국 총리였고 요즘은 엘리자베스 2세 여왕의 단골 서점 중 하나라고 하니, 이 서점의 위상이 어느 정도인지 가늠할 수 있겠다.

대단한 역사를 가진 장소라 잔뜩 기대를 하고 가면 실망할 수도 있다. 서점 안으로 들어가면 특별한 것도 없어 보이고 규모도 작다. 하지만 보이는 것이 전부는 아닌 법. 헤이우드 힐 서점은 소수의 고객을 중심으로 하는 고객맞춤형 서비스를 제공해 전 세계 약 60여 개국에 판매망을 구축하여, 연간 약 100만 파운드(약 18억)의 매출을 올리고 있다. 또 다른 맞춤형 서비스는 고객의 서재를 꾸며주는 일이다. '비스포크 서재 Bespoke library'라고 불리는 이 서비스는 고객이 원하는 주제를 서점 측에 알려주면 서점은 필독서를 엄선하여 수백 권, 수천 권의 책을 선정해주는 것이다. 이 비스포크 서재는 개인 고객뿐 아니라 호텔의 스위트룸이나 대기업 회장 서재에도 이용된다고 한다. 예전에 런던의 한 호텔 스위트룸에 투숙했던 빌 클린턴 전 대통령 역시 비스포크 서재 서비스를 받았고, 그는 투숙 기간 중 서재를 가장 마음에 들어했다고 한다. 헤이우드 힐 서점은 과거 명성에 연연하기

주소 10 Curzon St, London
홈페이지 www.heywoodhill.com
운영시간 월~토 09:30~18:00 (일 휴무)
전철 Green Park

보다는 그들만의 독특한 마케팅을 구축하여 침체되는 오프라인 서점가에 새로운 패러다임을 쓰고 있는 곳이었다.

서점의 마케팅만큼이나 작은 서점 안에 특별한 공간이 있었으니 바로 지하의 어린이 코너. 이런 곳에 어린이 코너가 있을까? 싶을 만큼 서점은 협소하지만 놀랍게도 지하에 어린이를 위한 단독 코너가 마련되어 있다. 좁디좁은 계단을 내려가면 나타나는 비밀 장소! 2~3평이 채 되지 않은 곳에 클래식한 가구들, 아기자기한 조명, 오래된 의자들, 벽난로, 육안으로 보기에도 오래된 책과 새 책들이 오로지 아이들을 위하여 존재하고 있었다.

이곳은 서점이라기보다는 작은 아지트와 같은 곳이다. 곳곳에 놓인 조명 덕분에 분위기는 따뜻하고 오래된 책 냄새와 가구 냄새는 정겨움을 더한다. 다른 사람들의 방해를 받지 않고 오로지 아이와 조용히 책을 볼 수 있다는 점도 매력적이다. 서점의 어린이 코너라기보다는 개인주택의 비밀 방에서 책을 보는 느낌이 든다.

3. 런던의 대표적인 체인 서점, 워터스톤 Waterstones 서점

한국의 교보문고와 같은 서점으로 영국 전역에 200개가 넘는 체인점을 가지고 있다. 런던에서는 워터스톤 피카딜리점이 가장 크다. 서점 위쪽으로 올라가면 쇼핑의 중심지인 리젠트 스트리트가 인접해 있어 쇼핑으로 지친 몸과 마음을 차분하게 책으로 달랠 수 있다.

주소 203 - 206 Piccadilly, London **피카딜러점**
홈페이지 www.waterstones.com/bookshops/Piccadilly
운영시간 월~토 09:00~21:00, 일 12:00~18:00
전철 Piccadilly Circus

건물은 지하 1층, 지상 5층으로 종류별로 나눠져 있다. 각 층에 놓인 소파는 서점이라고 믿기 힘들 만큼 편안하다. 서점을 카페로 믿게 만드는 결정적 역할을 한다. 딱딱한 의자가 아닌 푹신한 쿠션을 가진 소파들이 곳곳에 놓여 있어 잠시 휴식을 취하기에도 더 없이 좋다.

워터스톤 2층에는 리빙과 키친에 관련된 코너와 어린이를 위한 코너가 따로 마련되어 있다. 2층에 들어서면 각종 색지로 천정에 붙여 놓은 국기들이 밝고 경쾌한 분위기를 연출한다.

아이들을 위한 책은 물론이고 간단한 장난감도 판매한다. 다른 서점에 비해 런던을 여행하는 가족을 고려한 여행책이 많이 진열되어 있다. 이곳의 장점 중 하나는 어린이 코너에서 컬러링 등 색칠공부를 할 수 있는 테이블도 있고 간단한 장난감을 가지고 놀 수 있는 공간이 마련되어 있다는 것. 또 2층 구석에 화장실도 있어 아이들 동반 시 편리하다.

서점 지하와 5층에 간단한 음료와 차를 마실 수 있는 별도의 카페도 마련되어 있으니 참고하자. 5층 카페는 런던 중심가를 볼 수 있는 전망을 제공한다.

4. 던트 Daunt 서점

런던에서 가장 아름다운 서점을 꼽을 때 항상 던트 서점을 말하곤 한다. 런던 안에 몇 개의 지점이 있는데 그중 베이커 스트리트 근처에 있는 던트 서점이 가장 유명하다. 이곳은 현대식 인테리어 대신 20세기 초반에 유행했던 에드워디안 양식으로 꾸며놓아 고풍스러운 아름다움을 느낄 수 있는 곳이기도 하다. 서점에 들어서면 양쪽으로 빽빽하게 꽂혀 있는 진열 방식이 서점이라기보다 유명 대학의 도서관을 연상시킨다. 1990년 당시 처음 문을 열었을 때는 '여행자를 위한 던트 서점'이란 이름으로 시작했다. 현재도 여행 관련 서점에 비중을 두고 있지만 다양한 장르를 모두 취급한다. 어린이들을 위한 코너는 책꽂이 한쪽에 마련되어 있지만 앉아서 볼 수 있는 자리는 없다. 과거의 어느 순간으로 들어온 것만 같은 착각이 들게 하는 서점, 서점의 클래식한 아름다움과 분위기를 제대로 느껴보고 싶은 사람들에게 추천한다.

주소 83 Marylebone High Street, London **메릴본점**
홈페이지 www.dauntbooks.co.uk
운영시간 월 11:00~18:00, 화~토 09:00~19:30 (일 휴무)
전철 Baker Street, Regent's Park, Bond Street

5. 스탠퍼드 Stanfords 서점

탐험하다 Explore, 발견하다 Discover, 영감을 주다 Inspire 라는 슬로건을 내건 여행 전문 서점이다. 서점에 들어서면 가장 먼저 눈에 띄는 것이 다양한 종류의 지도들과 바닥에 깔려 있는 세계지도! 스마트 시대에 사는 사람들이 이런 것을 찾을까? 싶은 마음이 들었지만

주소 7 Mercer Walk, London
홈페이지 www.stanfords.co.uk
운영시간 월 11:00~18:00, 화·수 09:00~18:00, 목·금 09:00~19:00, 토 10:00~19:00 (일 휴무) 전철 Covent Garden, Leicester Square

그런 외적인 모습에도 불구하고 이곳은 사라져가는 세상의 모든 지도를 팔고 보존하는 서점처럼 보였다. 오래된 지도부터 등산지도, 교육용 지도, 여행지도 등 지도에 관한 모든 것들을 이곳에서 찾아볼 수 있다. 0층 안쪽으로 들어가면 서점 카페가 있는데 바로 옆에 어린이들을 위한 코너도 마련되어 있다. 여행전문 서점인 만큼 아이들 책도 여행에 관한, 모험에 관한 책들이 주를 이룬다. 런던 코벤트 가든 근처에 있다. 바로 옆에 런던 대표 아웃렛인 티케이맥스T.K.Maxx도 자리 잡고 있다.

6. 고쉬! 코믹스 Gosh! Comics

그래픽 및 일러스트, 만화책을 전문으로 취급하는 서점으로 소호 거리에 위치한다. 서점 진열장에 빽빽이 늘어선 로봇 관련 만화책, 장난감이 지나가는 어른들의 눈길을 사로잡는다. 서점 안에는 그래픽과 일러스트 관련 책들도 많다. 장르별로 만화책이 구비되어 있고 어린이 코너도 있어 소호를 지나가다가 잠깐 들러도 괜찮다. 유일하게 여성보다 남성이 많았던 서점! 만화책 마니아라면 방문 필수!

주소 1, Berwick St, London 홈페이지 goshlondon.com
운영시간 월~일 10:30~19:00 전철 Piccadilly Circus, Leicester Square

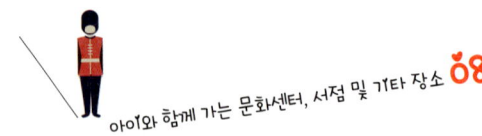

아이와 함께 가는 문화센터, 서점 및 기타 장소 08

무료로 즐기는 런던 뷰

런던은 건축 규제가 엄격해 다른 나라의 도시들에 비해 고층 건물이 적은 편이다. 그래서 건물의 4~5층에만 올라가도 런던 시내를 한눈에 볼 수 있는 장점이 있다. 제대로 된 런던의 뷰를 보고 싶다면 런던 아이를 타거나 세인트 폴 대성당 전망대, 더 샤드 전망대, 타워 브리지 전망대를 가야 한다. 하지만 만만치 않은 비용과 상황 때문에 전망대 관람이 여의치 않다면 아래 장소를 주목하자. 유료 전망대 못지않게 런던의 뷰를 제대로 즐길 수 있는 곳!

1. 스카이 가든

가히 최고의 전망대라고 할 수 있다. 런던 은행가 중심지에 일명 워키토키 건물이라 불리는 건물의 35층에 스카이 가든 무료 전망대가 있다. 스카이 가든에 들어서면 360도 유리 너머로 보이는 런던의 전경에 감탄과 경이로움을 금치 못한다. 더욱이 이런 곳이 무료라는 사실에 감사함을 느끼게 될 정도. 스카이 가든은 이름처럼 건물 안에 작은 식물원을 조성해 놓았고 간단히 차나 음료를 마실 수 있는 바와 테이블이 있다. 전망대 밖으로 나가면 정면에 더 샤드 건물이 보이고 왼쪽의 런던 탑, 타워 브리지부터 오른쪽의 세인트 폴 대성당, 런던 아이, 빅벤, 테이트 모던 등 런던의 주요한 장소를 한눈에 볼 수 있다. 현재는 무료로 전망대를 운영하고 있지만 머지않아 유료화가 된다고 하니, 공짜일 때 서두르자. 런던을 여행하는 사람이라면 1순위로 방문해야 할 곳.

주소 20 Fenchurch St, London 홈페이지 www.skygarden.london
전망대 운영시간 월~금 10:00~18:00, 토·일 11:00~21:00, 뱅크 홀리데이 11:00~21:00
전철 Monument, Bank
예약 방법 사전예약만 가능. 일반적으로 한 달 단위로 예약 창이 열리고 예약이 금방 차기 때문에 매달 초에 미리 예약을 하는 것이 좋다.
예약 사이트 skygarden.london/booking
주의사항 스카이 가든 입장 시 개인 여권이나 신분증을 반드시 지참해야 한다. 부득이하게 무료 전망대를 예약하지 못한 사람들은 스카이 가든 36, 37층의 레스토랑을 이용할 수도 있다. 스카이가든 전망대는 최대 밤 9시까지 운영하지만 레스토랑은 더 늦은 시간까지 운영한다. 레스토랑 역시 예약은 필수.

2. 테이트 모던 6층 카페

2016년에 개장한 블라바트닉 빌딩 10층는 무료 전망대가 있다. 건물을 중심으로 360도 뷰를 감상할 수 있어서 런던의 웬만한 유명한 건축물을 볼 수 있는 곳이기도 하다.

밀레니엄 브리지와 세인트 폴 대성당을 가까이서 보고 싶다면 테이터 모던 6층 카페로 가자. 이미 많은 사람들에게 알려져 있는 이곳은 템즈강의 멋진 뷰를 감상할 수 있는 최고의 장소이다.

테이트 모던은 금요일과 토요일에는 밤 9시 30분까지 운영한다. 해가 늦게 지는 여름을 제외하면 금요일과 토요일은 런던의 야경을 보기에 알맞은 시간이다.

주소 Bankside, London 홈페이지 www.tate.org.uk/visit/tate-modern
운영시간 **10층 전망대** 일~목 10:00~17:30, 금, 토 10:00~21:30, 임시 휴업(2023년 5월 기준)
6층 카페 월~일 10:00~18:00 전철 Southwark, Blackfriars, St. Paul's

4. 피터 존스 백화점 카페

첼시 지역에 있는 백화점으로 사치 갤러리 맞은편에 위치한다. 이곳은 일반 백화점보다 홈 & 가든 제품을 전문적으로 판매하는 곳이기도 하다. 피터 존스는 지하 1층, 지상 6층 건물로 이루어져 있다. 백화점의 6층은 푸드 코너로 웨스트 런던 전경을 볼 수 있는 좋은 장소다. 6층으로 올라가면 한쪽에는 고객상담센터와 사무실이 있고 중앙은 백화점 카페 & 레스토랑으로 운영 중이다. 통유리 창 너머로 보이는 런던 전경과 밝고 깨끗한 푸드 코너 분위기 때문에 커피 한 잔은 꼭 마셔 줘야 예의! 고급 주택가 백화점이지만 음식 가격은 대부분 10파운드 전후. 커피나 티 역시 3파운드 미만으로 일반 카페의 가격과 동일하다. 도심에서 떨어진 백화점이라 런던의 유명한 건물들보다는 웨스트 지역의 클래식한 주택가의 모습을 한눈에 볼 수 있다.

주소 Sloane Square, London
홈페이지 www.johnlewis.com/our-shops/peter-jones
운영시간 월~토 10:00~19:00, 일 임시 휴업
(2023년 5월 기준)
전철 Sloane Square, South Kensington

INDEX

V & A 카페		139

ㄱ
건축 도서관		231
고쉬! 코믹스		245
과학 박물관		128
교통 박물관		144
국립 초상화 갤러리		104

ㄴ
내셔널 갤러리		82

ㄷ
다이애나 메모리얼 분수		182, 238
대화재 기념비		60
던트 서점		243

ㄹ
런던 도크랜드 박물관		148
런던 브리지		60
레고숍		85
리젠트 파크		198

ㅂ
바비칸 센터		220
바비칸 홀		223
배터시 파크		176
버로우 마켓		68
버윅 스트리트 마켓		61
버킹엄 궁전		190
벌링톤 아케이드		97
비숍스 파크		192
빅토리아 & 알버트 뮤지엄		134
빅토리아 & 알버트 박물관의 분수		239
빅토리아 공원 놀이터		204

ㅅ
사우스 런던 갤러리		88
사우스뱅크 센터		214
사우스뱅크 센터의 분수		237
사치 갤러리		108
서머셋 하우스		114
서펜타인 갤러리		110
서펜타인 새클러 갤러리		113
세인트 제임스 파크 놀이터		189
스카이 가든		246
스탠퍼드 서점		244
슬론 스퀘어		63

ㅇ
어린이 박물관		122
어린이용 보트 연못		200
엠앤엠 월드		85

여름 전시	94, 96	켄싱턴 가든스	184	타워 브리지	232
영국 박물관	152	켄싱턴 궁전	187	테이드 모던	74
영국 왕립 건축가협회	228	코람스 필드 놀이터	209	테이트 모던 6층 카페	248
왕립 미술아카데미	93	코트 가든	69	테이트 브리튼	98
우편 박물관	157	코톨드 갤러리	114	**ㅍ**	
워터스톤 서점	242	퀸 메리 가든	200	포일스 서점	240
월레스 콜렉션	166	퀸 빅토리아 메모리얼	190	포토벨로 마켓	68
이탈리안 가든스	188	퀸 엘리자베스 올림픽공원 놀이터	201	풀럼 궁전	194
ㅈ				플레저 가든	201
자연사 박물관	140	퀸 엘리자베스 올림픽공원의 밴쿠버 분수	239	피터 존스 백화점 카페	249
제프리 박물관	170			**ㅎ**	
주빌리 가든 놀이터	196	킬번 그랜지 어드벤처 놀이터	206	하이드 파크	180
ㅋ		킹덤 오브 스위츠	85	해처드 서점	97
카나비 스트리트	61	킹리 코트	61	햄스테드 히스 & 켄우드 하우스	162
캠든 마켓	67	**ㅌ**		헤이우드 힐 서점	241
캠든 아트 센터	224				

아이와 함께 런던
LONDON

2023년 07월 20일 개정2판 1쇄

지은이　김현지
발행인　김산환
책임편집　윤소영
디자인　윤지영
펴낸 곳　꿈의지도
인쇄　다라니
종이　월드페이퍼

주소　경기도 파주시 경의로 1100, 604호
전화　070-7535-9416
팩스　031-947-1530
홈페이지　blog.naver.com/mountainfire
출판등록　2009년 10월 12일 제82호

ISBN　979-11-6762-063-7 (13980)

지은이와 꿈의지도 허락 없이는 어떠한 형태로도 이 책의 전부, 또는 일부를 이용할 수 없습니다.
※ 잘못된 책은 구입한 곳에서 바꿀 수 있습니다.